# *Der Mensch geht, die Liebe bleibt.*

*Thomas Young*

„*Da muss ich jetzt durch ...*"

*... sagte Marco immer, wenn ich ihn bedauerte.*

*Christina Buggenthin-Saß*

# Inhalt

Statt eines Vorworts..........................................................6

Wie es begann................................................................ 8

Mein Dank an Marco ... .................................................18

Schriftverkehr der letzten drei Monate mit Familie und
Freundinnen ... .............................................................. 20

So geht es weiter ............................................................126

Wer und was hat mir in dieser Zeit wirklich geholfen?..............128

Was sind die Geschenke? ..............................................139

Der Weg nach Hause ... ................................................145

Buchempfehlungen........................................................ 147

Bibliografische Information der Deutschen Nationalbibliothek: Die Deutsche Nationalbibliothek verzeichnet
diese Publikation in der Deutschen Nationalbibliografie;
detaillierte bibliografische Daten sind im Internet über
dnb.de abrufbar.

© 2022 Christina Buggenthin-Saß
Herstellung und Verlag: BoD – Books on Demand
Norderstedt

ISBN: 9783756202867

*Mein herzlicher Dank geht an alle, die beim
Korrekturlesen und Gestalten dieses Buches, sowohl in
der privaten als auch der neuen Fassung, mit großer
Erfahrung und herzlicher Teilnahme mitgewirkt und mir
dadurch ein sehr hilfreiches Feedback gegeben haben.*

☯

*Dieses Büchlein widme ich meinem Sohn Marco
und allen Menschen, die durch eine schwere Krankheit
mutig und oft klaglos ihren – oft letzten - Weg gehen.
Ihr verändert durch Euer Sein und Euer Schicksal
mehr als Ihr jemals ahnen könnt!
Durch Euch kommt viel, viel mehr Liebe, Mitgefühl
und Frieden in diese Welt.
Es macht mich sehr demütig und dankbar.*

☯

# Statt eines Vorworts

*Dieses Büchlein ist meine Verarbeitung der letzten 20 Monate des Lebens meines Sohnes Marco, besonderes der letzten drei Monate mit intensivem E-Mail-Austausch mit meiner Wiener Familie, Freundinnen und Freunden.*
*Viele ihrer Antworten habe ich in das Buch aufgenommen, einiges weggelassen, um ihre Privatsphäre zu achten und zu schützen.*

*Dieses Büchlein kann für dich ein kleiner Leitfaden durch einen großen (menschlichen) Verlust und dadurch ausgelösten Schmerz sein, aber auch ein kleiner Wegweiser zurück ins eigene Leben ...*

*Die offene Darstellung meiner eigenen Situation und was mir dabei geholfen hat nicht zu verzweifeln, sondern in Liebe weiterzugehen mit allem, was sich zeigte, zieht sich langsam, wie ein roter Faden durch diese Seiten.*
*Es soll Mut machen, wieder zurück ins Leben zu finden, mit der Liebe im Herzen für den Menschen, der gegangen ist!*

*Marco ist mir oft näher als jemals zuvor, manchmal fühle ich seine Präsenz sehr stark, es fühlt sich so an, als ob er in mir ist,* in meinem Herzen. Manchmal, wenn ich nicht weiterweiß, bitte ich ihn um Hilfe. Und die Hilfe kommt, manchmal bei einfachen Dingen des Alltags, manchmal erst etwas später. Und manchmal fühle ich ihn Tage gar nicht, aber das ist vollkommen in Ordnung so.

☙

# Wie es begann...

*Seit über 30 Jahren meditiere ich nahezu täglich. Immer mal wieder dachte ich:*

*Irgendwann werde ich sehen, wo ich im Leben wirklich stehe, ob all die Meditationen in die Stille, in mein Herz, all die Techniken und Kontemplationen, Angst und Schmerz bewusst zu fühlen und damit loszulassen, wirklich etwas bewirkt haben. Ob es mir hilft, mit großen Krisen umzugehen, in meiner Mitte zu bleiben ohne fortgerissen zu werden.*

*Dass es so schwer werden würde, hatte ich niemals geahnt!*

*Es kam die schwerste „Prüfung" in mein Leben, das Schlimmste, was ich mir als Mutter vorstellen konnte.*

*Diese Krise begann am Montag, den 4. März 2019, nachmittags gegen 17 Uhr. Dieser Tag hat mein Leben für immer verändert.*

*Marco rief an und sagte: „Mama, sie haben bei mir ein bösartiges Magenkarzinom festgestellt."*

*Etwas verstört fragte ich nur: „Und was bedeutet das jetzt?"*

*Er wusste es auch nicht, nur dass er ins Krankenhaus zu weiteren Untersuchungen sollte.*

*Seine Schwester war bei ihm, als die ersten Diagnosen auf ihn niederprasselten.*

*Als Marco ganz blass aus dem Untersuchungsraum kam, sagte*
*er zu mir: „Der Magen muss raus."*
*Schock … „Aber besser der Magen weg als ich!", sagte er.*
*Wir umarmten uns völlig sprachlos.*
*„Du schaffst das, ich bin da!", sagte ich mit einem Kloß in Bauch*
*und Hals.*
*Uns war nicht bewusst, dass Marco von Anfang seiner Diag-*
*nose an eine GEN-Mutation, CD H1, hatte, die zu Magenkrebs*
*besonders bei jungen Menschen führt und den man erst ent-*
*deckt, wenn er schon fortgeschritten ist. Also war Marco von*
*Anfang an unheilbar, er hatte kaum eine Chance. Es stellte sich*
*dann noch heraus, dass auch das Bauchfell befallen war. Das*
*bedeutete, dass der Magen nicht entfernt wurde, dafür eine*
*sehr belastende und strapaziöse Chemotherapie über viele Mo-*
*nate anstand.*

*Mit einem Mal war nichts war mehr wie vorher. Schock,*
*Schreck, Hoffen und Bangen.*

*Marcos letzter Weg begann, ohne dass es uns damals bewusst*
*war, aber wahrscheinlich war es das Beste so. Erst nach*
*seinem Tod stand das Ergebnis der GEN Untersuchung fest,*
*Marco hat also nicht mehr erfahren, dass er nichts „falsch"*
*gemacht hatte. Das macht mich immer noch traurig. Zumal die*
*Ärzte sehr abweisend waren, als es um diesen Test ging. Seine*

Schwester hat trotzdem darauf bestanden, dass die GEN-Untersuchung gemacht wird.

Auf einer unserer langen Autofahrten nach Hamburg während der ersten Zeit der Chemotherapie habe ich ihn gefragt, was ihm zu viel war, und er erwiderte: *„Das Haus."*

*„Und was macht dich glücklich und was würdest du JETZT gerne machen?*

*„Autos reparieren und basteln."*

*„Dann tu das"*, sagte ich zu ihm. Ich dachte, dass alles, was ihn glücklich macht, ihm helfen kann gesund zu werden.

Seine Schwestern waren so tapfer und hilfsbereit, waren immer für ihn da. Manchmal waren wir völlig überfordert mit all den schlechten Nachrichten. Der Schock saß bei uns allen sehr tief und viele, viele Tränen flossen.

Sobald es Marco mit der Chemo besser ging, wollte er auch wieder in seinem Haus sein und nicht in unserem Ort, wo wir ihn in der ersten Zeit der harten Chemo versorgten. Zu Hause waren seine Freund:innen, sein gesamtes soziales Umfeld und das Reparieren und „Basteln" seiner geliebten BMWs ☺.

Und tolle Nachbarinnen, Mutter, Tochter und der kleine Sohn, drei Jahre. Sie kümmerten sich ständig um ihn! Sie wurden zu seiner zweiten Familie. Das hat mich sehr entlastet zu wissen, dass er nicht alleine war! Besonders der Kleine war für Marco ein Lebenselixier und Marco für ihn sein Ersatz-Papa.

Marco hat viel mit ihm unternommen, sich liebevoll um ihn gekümmert. Er ist am liebsten mit Marco Auto gefahren. Was ein Wunder ☺! Am liebsten zum Flugplatz Flugzeuge beobachten und Waffeln essen .

Marco hat alles gemacht, was möglich war, um wieder gesund zu werden, hat niemals geklagt oder gejammert, auch wenn die Nebenwirkungen der Chemo in der ersten Zeit oftmals tagelang sehr schlimm waren.

Er hat sogar wieder an Gewicht zugenommen und konnte nach einigen Monaten der Chemo wieder „normal" essen. Im Herbst letzten Jahres meinte er sogar: „Wenn ich es nicht wüsste, dass ich krank bin, würde ich es gar nicht merken."

Nach Weihnachten 2019 reiste Marco nach Österreich, ins Wiener Waldviertel zu meiner Schwester und genoss diese ruhigen Tage dort sehr! Mit Kater Winnie Pooh verband ihn sofort eine innige Freundschaft. Meine Schwester meinte, dass Winnie Pooh nur zu Menschen geht, die offenen Herzens sind! Ja, Marco liebte Kinder, Katzen, Kaninchen und Autos, besser gesagt BMWs ....

Im nächsten Jahr stand jedoch eine neue Chemo an, da der Tumor nicht verschwinden wollte. Jede dieser Diagnosen war für Marco erst einmal sehr schwer.

Aber wie immer sagte er: „Da muss ich jetzt durch."

Und wir waren immer wieder traurig und ängstlich, da es sich kaum besserte. Die Chemotherapie und eine zusätzliche Immuntherapie waren aber diesmal nicht so anstrengend.

Marco besuchte uns regelmäßig in unserem Dorf nahe der Ostsee, damit er mal von zu Hause rauskam. Das war eine schöne, ruhige, meist zweisame Zeit mit uns. Bevor er kam, erkundigte er sich jedes Mal: „Mama, was gibt es zu essen?", oder fragte: „Kannst du mal wieder Kartoffelauflauf oder was Leckeres kochen?" Na klar tat ich das ☺. Was Gutes zu essen, und Marco war zufrieden.


Bei uns wurde er regelmäßig sehr müde und ruhte sich auf dem Sofa aus. Oft sind wir gemeinsam in den Wald gegangen und haben lange Gespräche miteinander geführt. Oder haben Kleidung für ihn gekauft, da er mich gerne als „Beraterin" nutzte .

Ich erinnere mich an einen Nachmittag im Winter 2019, als wir stundenlang nach einer Stehlampe für ihn suchten, ohne etwas Passendes zu finden. Dafür aber ein Geburtstagsgeschenk für Peter, meinen Mann, welches wir bequem in seinem großen Auto transportierten.

Leider kam dann Corona dazwischen und wir durften Marco nicht sehen, um ihn nicht anzustecken. Das war eine harte Zeit für unsere Familie.

Heute bedauere ich das sehr, denn es hat uns kostbare Zeit mit Marco genommen, obwohl wir uns täglich geschrieben haben. Wir haben uns deshalb erst im späten Frühling 2020 wiedergesehen. Da ging es Marco noch gut.

Ab Juli/August hatte er dauernd Bauchschmerzen und es ging mit Schluckauf los ...

Kurz vor Marcos 35. Geburtstag, am 26.August, rief mich Marco an: „Mama, ich kann nichts mehr essen, soll ich ins Krankenhaus?" - „Ja, sofort!", erwiderte ich, „wir holen dich ab."

Er wurde wieder untersucht und bekam ab da künstliche Ernährung. Die Ergebnisse waren nicht gut! Er sollte wieder mit einer neuen Chemo starten. Das hat mich sehr, sehr traurig gemacht!

Seinen Geburtstag verbrachte er mit uns im Krankenhaus. Damals dachten wir keinen Augenblick daran, dass es sein letzter Geburtstag sein könnte.

Wir waren voller Hoffnung und dachten, dass Marco dort geholfen wird und er bald wieder nach Hause kommen wird, sobald die Chemotherapie Wirkung zeigt und er wieder ohne Schmerzen essen kann.

Was uns nicht bewusst war, dass Marco von Anfang seiner Diagnose an als palliativ eingestuft wurde, das heißt unheilbar. Unheilbar heißt aber auch, dass man mit der Krankheit leben und vielleicht alt werden kann, aber nie weiß, wie lange. Heute denke ich, dass es gut war, dass wir es nicht wussten, denn so waren wir entspannter und immer voller Hoffnung. Und das war für Marco die beste Unterstützung. Er selbst hat nie nach seiner Erkrankung gegoogelt, denn er wollte sich nicht schocken und verunsichern lassen.

Du hast alles richtig gemacht Marco!

Es war aber auch eine Zeit des Friedens und der endlosen Liebe für Marco.

Wenn ich bei ihm war, gab es nur das Hier und Jetzt. Keine Angst, keine Gedanken an die Zukunft, was geschehen wird oder könnte. Nur das, was gerade zu tun war für ihn und gleichzeitig großer Frieden ...

Oft habe ich lange still an seinem Bett gesessen, wenn er schlief, habe die Ruhe genossen und dabei eine zarte Sanftheit in mir gefühlt, als wenn ein Baby schläft.

Das war das größte Geschenk! Im Hier und Jetzt.

*Marco hat jede Hilfe bekommen, die er benötigte, aber auch das hat seine Schmerzen nicht lindern können. Das war das Schlimmste! Ihn so leiden zu sehen. Das steckt mir immer noch in den Zellen.*

*Und die Diagnose am 9. Oktober, dass er nur noch kurz zu leben habe, war ein riesengroßer Schock für ihn und uns.*

*Aber auch da war er ein großes Vorbild. Er hat sehr geweint, sodass seine Tränen flogen und ich war sooo tief berührt, das mit ihm zu erleben, weil ich ihm nicht helfen oder es ihm abnehmen konnte, aber wusste, dass es gut für ihn ist, um Abschied zu nehmen.*
*Er bekam dann noch Blutkonserven, damit er mehr Zeit hatte, sich von seinen Liebsten zu verabschieden.*
*Er hat dann alles, sein ganzes Leben, innerhalb von drei Tagen geklärt.*
*Hat sich von seinen liebsten Freunden und Freundinnen, besonders von der Mama des Kleinen, verabschiedet, mit vielen Tränen, aber auch mit Lachen. Seine geliebten BMWs hat er an Freunde verschenkt, die es zu schätzen wissen; mit uns alles auf den Weg gebracht, was seine Finanzen und das Haus betraf.*

*Dann konnte er vollständig loslassen und sagen:*

„Ich glaube, ich bin fertig für die Reise." ...
Auch dabei haben wir ihn begleitet! Im wunderschönen, neuen Hospiz in Hamburg. Und ich war ehrlicher Weise auch sehr dankbar darüber, dass Marco der erste Patient im Hospiz und seinem Zimmer war, der seine letzte Reise angetreten hat. Der Raum war rein, klar und ruhig und genauso ist Marco hinübergegangen ...

Am Dienstag, den 20.Oktober 2020, ist Marco um 2 Uhr für immer eingeschlafen ...
Es ist immer noch unfassbar für mich, dass er nicht mehr da ist - auch zwei Monate nach seinem Tod.
Marco fehlt einfach sehr, besonders in den Weihnachtstagen.

Es gibt anscheinend zwei Möglichkeiten, den Tod eines Kindes zu verkraften, wie James Van Praagh sagt:
Entweder man verzweifelt / stirbt innerlich oder äußerlich, oder man nutzt es für die Weiterentwicklung seiner Seele.
Ich entscheide mich für das Letztere ...

Das würde Marco auch so wollen! Er würde es niemals gut finden, wenn wir unglücklich wären und unser Leben nicht weiterleben.
Ich werde weiterleben, mit Marco im Herzen!

*Das heißt aber auch, ohne Widerstand weiterzuleben, mit all den Gefühlen, die aufkommen: der Trauer, des Schmerzes, der Traumata, des Friedens, der Liebe und der Dankbarkeit.*

# Mein Dank an Marco ...

*Danke, lieber Marco, du bist vom ersten Tag deines Lebens der beste Lehrer für mich gewesen!*

*In Geduld, Freude, Leichtigkeit, nicht angepasst sein, also ohne Masken und überholten Konzepten zu leben, in bedingungsloser Liebe, Vertrauen und Annehmen ohne Widerstand.*

*Ich war der glücklichste Mensch, als ich erfuhr, dass ich mit dir schwanger war!*

*Sogar deinen Namen habe ich geträumt!*

*Du bist ein sehr fröhliches und offenes Kind gewesen, hast dich leidenschaftlich gern bewegt, erst mit dem Bobby Car, dann mit dem Roller, der Seifenkiste, dem Fahrrad, dem Fußball, beim Karate und später mit dem geliebten Skateboard, Mountainbike und – last, but noch least - mit BMW ☺.*

*Es wurde immer ein bisschen schneller. ... du hattest nicht mehr so viel Zeit ... jetzt verstehe ich es ...*

*Mit deinen Schwestern und Freund:innen hast du viel Zeit verbracht, ihr habt wunderbare Theaterstücke aufgeführt, viel Zeit in der Natur verbracht und allerhand Unsinn angestellt, langweilig war euch und uns nie ☺.*

Und du hast genau so leidenschaftlich mit Lego gebaut, besser gesagt super tolle Autos, Flugzeuge und futuristische Fortbewegungsmittel entwickelt. So perfekt, wie das niemand von uns konnte. Deine Leidenschaft für alles, was sich bewegte, drehte und mit Autos und Technik zu tun hatte, war sehr früh zu erkennen. Du hast mit deinem Studium des Maschinenbaus wirklich das Beste draus gemacht! Und warst mir oft ein guter Ratgeber in diesen Dingen.

Wir wussten fast immer, wie wir bei dir „dran" waren. Du bist sehr klar und ehrlich gewesen, manchmal etwas harsch. Manchmal hast du mir Dinge mitgeteilt, die dich an mir nervten, aber immer so, dass ich es gut annehmen konnte. Ohne Vorwurf. Und das ist eine Kunst!

Und du hast dein Leben bis zum Schluss selbstbestimmt und in Würde gelebt!

Ich habe erst jetzt erkannt, was für ein Meister du für mich gewesen bist! Für dich da zu sein, so wie es für dich gut war, dafür danke ich dir besonders!

Du hast noch einige sehr schöne Monate erlebt, mit deinen Freund:innen, mit Autobasteln und besonders mit dem Kleinen, seiner Mama und Oma. Sogar in deiner Firma hast du noch hin und wieder ausgeholfen. Darüber bin ich sehr froh!

Danke für alles Marco, meine Liebe für dich ist endlos ...

Deine Mama

☯

# Schriftverkehr der letzten drei Monate mit Familie und Freundinnen ...

*Meine chronologischen Aufzeichnungen seiner letzten Wochen beginnen am 25. August, als es Marco gar nicht mehr gut ging.*

*Die E-Mails sind eine Zusammenstellung meiner Nachrichten, die ich seit Ende August/Anfang September 2020 an meine große Wiener Familie und meine Freund:innen geschrieben habe.*
*Bei der Durchsicht meiner Zeilen habe ich erst gemerkt, wie schwer, anstrengend und oft hilflos diese Zeit für uns alle gewesen ist und dass es Marco von Woche zu Woche immer schlechter ging ...*

*Das Schreiben mit Freund:innen und Familie und deren liebevolle Antworten haben mir und meiner Seele sehr geholfen diese schwere Zeit zu überstehen und zu verkraften. Ich bin euch zutiefst dankbar dafür!*
*Und auch Mooji, meinem spirituellen Lehrer, der mir von Anfang an durch seine Worte sehr geholfen hat, immer wieder*

*in meiner Mitte und Stärke zu bleiben, mit allem was war und kam.*

*Nun geht es los mit der Kommunikation per E-Mail, die genauen Tage sind nicht immer angegeben.*

*Gegen Ende habe ich hinzugefügt, wer und was mir in dieser Zeit wirklich geholfen hat.*

*Es empfiehlt sich, die Zeilen achtsam zu lesen, da es sehr berührend sein könnte ...*

☯

## Dienstag, 25. August

*Liebe Geschwister,*

*leider ist bei Marco der Krebs immer noch nicht besser, so wird ab nächster Woche wieder für 8! weitere Monate Chemotherapie gemacht.*

*Puhhh, das ist sehr heftig und ich bin schon sehr sehr traurig, dass es nicht wirklich vorangeht und er jetzt nochmal die ganze Tortour machen muss.*

*Wenn ihr könnt, dann bitte betet für ihn, vielen Dank!*

*Ab Montag ist er dann bei seinem Vater, da wir nie wissen, wie er auf die Therapie anspricht. Ich hole und bringe ihn dann nach Hamburg und zum Arzt.*

*Liebe Grüße und Bussi*


Liebe Christi!
Ich bete täglich für euch alle, im Besonderen für Marco, und schicke euch Kraft, Geduld und Heilung. Hab euch alle lieb!
Bussi

## Donnerstag, 27. August

*Hallo, liebe Geschwister,*

*Marco ist seit gestern Abend im Krankenhaus, weil ihm ständig übel ist, er Bauchweh hat und nichts essen kann. Heute wird noch eine weitere Untersuchung des Darms gemacht und der Magen ist noch nicht o.k. Er wird künstlich ernährt, und wahrscheinlich geht am Montag die Chemo los. Er wird dann, hoffentlich, im Krankenhaus mindestens zwei Wochen bleiben ... mehr weiß ich noch nicht.*

*Falls er früher nach Hause kommt, wird eine Krankenpflegerin seine Ernährung über den Port machen und wir ihn abwechselnd betreuen, aber das werden wir erst in einiger Zeit wissen.*

*Gestern waren sein Vater und ich im Krankenhaus bei ihm, es darf ja eigentlich nur einer zu ihm, aber wir konnten ihn beide besuchen. Hoffentlich auch morgen, da es sein Geburtstag ist.*

*Heute Abend um 19 Uhr werde ich mit meiner Meditationsgruppe für ihn beten, vielleicht könnt ihr euch mit einbringen, wenn ihr Zeit findet.*

*Hallo, liebe Geschwister,*

*also am Montag wird noch eine Spiegelung gemacht, da es eine Verengung im Zwölf-Fingerdarm gibt, die seine Probleme hervorruft.*

*Mehr am Montag.*

*Bussi*

# Dienstag, 1. September

*Ihr Lieben!*

*Zuerst einmal danke für deine/eure gemeinsame Hilfe am Donnerstag zur Meditation!*

*Heute bin ich schon ganz traurig aufgewacht, denn er hat gestern den Stent in den Zwölf-Fingerdarm bekommen, und als sein Vater ihn besuchte (es darf immer nur eine Person pro Tag zu ihm) war er abends noch nicht richtig ansprechbar, da er Mittel gegen die Übelkeit und Schmerzen bekam.*

*Heute schon soll die Chemo losgehen. Das fühlt sich alles nicht gut für mich an, aber für ihn ist es sicherlich viel schwieriger. Obwohl er alles meistens ohne Jammern und Widerstand durchlebt.*

*Ich habe schon manchmal Angst, dass er es nicht schaffen wird, aber tief drinnen habe ich immer noch ein gutes Gefühl.*

*Er hat Gott sei Dank kein Gewicht verloren, also ist wenigstens das gerade kein Problem.*

*Und am Geburtstag durften wir alle zu ihm, als Ausnahme ☺.*

*Werde nachher im Krankenhaus anrufen und fragen, ob wir mal mit Marco gemeinsam einen Termin mit dem Arzt bekommen, um alles weitere zu klären ...*

*Danke für deine/eure Hilfe und Zuhören, ich bin sooo dankbar, dass es dich/euch gibt, es stärkt uns alle sehr!!!*

Liebe Christi!

Das sind nicht so gute Nachrichten, aber ich bin zuversichtlich, dass er es schaffen wird! Wenn er kein Gewicht verloren hat, ist das ein gutes Zeichen! Der Stent ist sicherlich kein leichter Eingriff, aber wenn es zur Hilfe beiträgt, hoffen wir, dass er seine Wirkung tut.

Für dich ist es, denke ich, genauso schwer, weil man nicht helfen kann. Ich denke fest an dich und bete für Marco! Es wird alles gut werden, weil ich letztens eine Sternschnuppe gesehen habe und mir gewünscht habe, dass alles gut wird.

Ich schicke dir eine dicke Umarmung und viele Bussi

*Du bist liiieb, deine Worte tun gerade gut, und die Sternschnuppe auch* 😊*!*

*Habe nachher ein Gespräch mit dem Arzt. Marco hat noch Schmerzen, mehr weiß ich noch nicht ...*

*Bussi und danke und bitte grüß Mutti von mir ganz, ganz lieb*
*Deine Christi*

Liebe Christi,

es tut mir sehr leid, dass sich Marcos Gesundheitszustand nicht bessert und er weitere Chemo-Therapien durchstehen muss. Ich hoffe, dass du und sein Vater an seinem Geburtstag bei ihm im Spital sein konntet!

Statt mit Familie und Freunden zu feiern, im Spital mit Schmerzen und wenig Aussicht auf eine rasche Heilung – das ist schon sehr schlimm für so einen jungen Menschen. Ich hoffe, dass Marco weiterkämpft, um den Krebs zu besiegen!

Für dich muss es eine riesige Belastung sein, dein Kind so leiden zu sehen und ihm nicht helfen zu können. Ich wünsche dir und deinen Lieben viel Kraft und Gottvertrauen, damit ihr Marco in seinem Kampf gegen die Krankheit Mut und Zuversicht geben könnt. Wenn ich seine Statusmeldungen auf WhatsApp sehe, denke ich, dass er eine Art Galgenhumor entwickelt, hinter dem er seine Ängste und Gefühle versteckt. Manches verstehe ich auch nicht, bin wahrscheinlich zu alt und zu weit weg von seiner Lebensrealität. S. hat Marco zum Geburtstag geschrieben und seine Antwort war recht zuversichtlich. Ob das der Wirklichkeit entspricht, wissen wir natürlich nicht.

Wir sind in Gedanken und Gebet bei euch und hoffen, dass es bald aufwärts geht.

Wenn wir euch irgendwie unterstützen können, lass es uns wissen. Falls es Behandlungen oder Medikamente gibt, die die Krankenkasse nicht bezahlt, können wir gerne aushelfen. Als

Pensionisten hat uns Corona finanziell nicht getroffen, bei euch sieht es wahrscheinlich nicht so rosig aus. Bitte schreib uns weiterhin, wie es Marco geht!

Alles, alles Liebe, viel Kraft, Zuversicht, positive Energie und Gottes Segen wünscht dir und deiner ganzen Familie von Herzen und mit lieben Grüßen aus Wien

Guten Morgen!

Tausend Dank für deine soooo liebevolle und einfühlsame Mail, ich bin ganz berührt davon! Du hast, als Mutter, sofort die Lage gefühlt und es ist alles stimmig, wie du schreibst!

Marco hat anscheinend wirklich Galgenhumor. Was er bei WhatsApp schreibt, weiß ich nicht, denn ich habe keine WhatsApp.

Und es ist für uns alle fünf eine sehr schwierige Situation!

Und ja, sicher hat er Angst. Letzte Woche hatte er nach der Nachricht, dass wieder eine Chemo ansteht, erstmal gesagt, dass er am liebsten die Decke über den Kopf ziehen würde ... und nichts mehr machen wolle ...

Das ist schon schwer ...

Seine Schwestern unterstützen ihn auch, wo sie können und sind immer für ihn da. Am Samstag haben wir sein Haus auf Hochglanz gebracht, da die Maler da waren.

Und am Geburtstag durften wir alle zu ihm, als Ausnahme 😊!

Du Liebe, ich danke dir für deine einfühlsame Mail, es hat mir gerade sehr gutgetan!

In solchen Zeiten weiß man ganz schnell, was wirklich wichtig ist im Leben! Familie und Freunde, ohne das wäre es noch schwieriger ...

Gaaaaanz herzliche Grüße nach Wien, Christi

*Liebe Freundinnen, liebe Freunde, liebe Familie!*

*Seit einer halben Stunde bin ich wieder erreichbar, endlich!*
*Marco geht es nicht gut und er ist dankbar, wenn wir ihm am Samstag wieder unsere Liebe senden.*
*Am Sonntag nach der ersten Behandlung ging es ihm ganz gut, außer dass er sehr müde war, da er nur zwei Stunden geschlafen hatte.*
*Meine Bitte ist noch einmal, dass wir alle uns am Samstag um 21Uhr auf Marco einstimmen, auf die große Kraft, wie es jede/r gewohnt ist und uns dann mit unseren Herzen gemeinsam verbinden und für die Gebete für ihn.*
*Vielen, vielen Dank im Voraus.*

*Herzliche Grüße und danke von Marco*
*Christina*

☯

# Freitag, 4. September

*Liebe Freundinnen, liebe Freunde, liebe Familie!*

*Bei meinem heutigen Besuch bei Marco ging es ihm wieder gar nicht gut, da habe ich ihn gefragt, ob es für ihn gut wäre, wenn wir alle ihm morgen Abend 21 Uhr Heilung für seine Krankheit senden würden. Er war sofort einverstanden.*
*Er lag im Bett, sehr blass und hat wenig gesprochen, da er sonst gleich würgen muss. Essen kann er gar nichts, aber er bekommt dort jede Unterstützung, die er benötigt, auch Mittel gegen die Übelkeit und wieder künstliche Ernährung!*

*Der Arzt hat uns dann noch vieles erklärt, auch dass Marco jetzt bis Montag Geduld haben muss, aber wenn es dann nicht besser ist, müssen sie noch einmal in den Magen/Darm Trakt ... eine große Belastung für ihn ...*

*Zu Hause wird er erstmal Pflegedienst benötigen, aber wir als Familie hier werden so einiges übernehmen.*
*Herzliche Grüße*

## Sonntag, 6. September

Liebe Christi!

Gottes Segen, seine Liebe und Güte für dich und Marco und deine Familie und alle eure Freunde\*innen.

Das wünscht dir/euch aus ganzem Herzen

*Danke,*

*Ist grad nicht leicht ihn so leiden zu sehen, essen soll er jetzt länger nichts, um den Magen zu entlasten, aber ihm ist immer übel und er hat Bauchweh.*

*Gestern war er sehr depri, er liegt nur und sagt, dass er keine Lust mehr hat ... ich kann ihn so gut verstehen ...*

*Wir haben erste Gespräche mit dem Krankenhaus über das, was wird, wenn er nach Hause kommt, denn er benötigt nachts oft Hilfe. Hoffe, das klappt alles ...*

*Danke für deine Liebe und Gebete*
*Christi*

## Donnerstag, 10. September

Ich kann gar nichts mehr sagen, es geht an die Grenzen!
Bleib mutig und behalte deine Hoffnung und Liebe.
Bussi

*Ja, das mache ich, weine manchmal so wie gestern nach dem
Besuch, aber es geht sonst alles gut!*
*Danke, dass du da bist* 😊.

## Freitag, 11. September

Meine liebe "kleine" Schwester! Du bist gaaaaanz groß! Und großartig! Ich hab' dich und deine Familie lieb und bete für euch täglich♡!!!
Bussi.


Liebe Christi und Familie!

Schön zu hören, dass es Marco ein bisschen besser geht und er sich auch psychisch etwas erholt. Er hat, nach ein paar Tagen Funkstille, wieder etwas Lustiges auf WhatsApp in den Status gestellt! Ich denke, das ist ein gutes Zeichen!

Fein, dass ihr im Spital gut beraten und umsorgt werdet! Das ist viel wert und leider nicht selbstverständlich! Dass die Familie in der Krise zusammenhilft, gibt Marco sicher auch wieder Zuversicht für die Rückkehr in sein Zuhause!

Dieses Jahr hat wohl viele Sorgen für unsere Großfamilie bereit, und wir werden all unsere positiven Kräfte und Gottes Hilfe brauchen, um alles zum Guten zu wenden!

Wir werden morgen am Abend all unsere guten Wünsche und positiven Energien an Marco senden und auch euch einschließen, denn auch ihr braucht in dieser schweren Zeit ebenfalls viel Kraft! Viele liebe Grüße an euch alle!

*Liebe Freundinnen, liebe Freunde, liebe Familie!*

*Heute Morgen war ich wieder bei Marco und er war zum ersten Mal seit langem "gut drauf". Er hatte gestern eine Spritze für das Blut bekommen, da seine Werte während der Chemo immer absacken und seit zwei Tagen nichts mehr gegessen, nur die Ernährung über den Port. Das Nicht-Essen scheint gut zu sein! Den Magen entlasten.*

*Wir haben dann ein langes Gespräch mit der Leiterin der Abteilung gehabt, die den Pflege- und Palliativdienst bestellt. Viele, viele Fragen, aber ich glaube, dass wir ein Stück weiter sind und Marco jetzt eher das Gefühl bekommt, dass es auch zu Hause klappen wird, während er Chemo weiterhin ambulant bekommt und auch nachts jemand erreichbar wäre.*

*Einiges wird noch zu beraten und zu tun sein.*
*Sein Vater hat ihm gestern stundenlang alle Lampen im Flur und eine Klingel angebaut. Seine Schwester wäscht seine Wäsche und bringt sie in die Klinik.*

*Gefühlt verbringe ich derzeit mehr Zeit auf der Autobahn als zu Hause. Aber ich habe ein gutes Gefühl für Marco, auch wenn es gerade wirklich der Tiefpunkt ist!*

*Ich bin im Gespräch mit seinen Ärzten, denn wir benötigen ja*
*für alle Gespräche Marcos o.k. Aber es geht jetzt doch voran!*
*Mit Vollmacht etc.*
*Und ALLE sind dort super nett und hilfsbereit zu uns allen!*
*Und DANKE für ALLE EURE LIEBEVOLLEN Nachrichten,*
*alles kommt an und hilft wieder ruhig zu bleiben und (Gott) zu*
*vertrauen!*
*Ganz liebe Grüße und bis morgen Abend,*
*Christina*

☯

## Dienstag, 15. September

*Hallo, ihr Lieben!*

*Vielleicht könntet ihr morgen Abend und Samstag-Abend wieder um 21Uhr den Lichtkreis, Gebetskreis, oder wie ihr möchtet, für Marco für 10 Minuten mitmachen? Gerne könnt ihr auch an einem der beiden Abende dabei sein, ich weiß, dass nicht alle so viel Zeit haben. Oder einfach mit einem Gebet dabei sein.*

*Er hat heute wieder sehr starke Schmerzen - nach Samstag-Abend aber zwei gute Tage!*

*Herzensgrüße und danke von Marco*

*Christina*

☯

# Mittwoch, 16. September

*Guten Morgen,*

*Danke für eure liebe Mail, ich freue mich immer sehr darüber und habe jetzt ein wenig Zeit zum Schreiben.*

*Ja, es scheint ein gutes Zeichen zu sein, dass er wieder etwas postet. Er war schon sehr deprimiert in den letzten Wochen. Also, er wollte eher aufgeben, aber da der Körper gestern fitter war, ging es ihm gleich besser. Aber von "gut" ist noch weit entfernt.*

*Ich habe ein so schönes Zitat letzte Woche bekommen, das schreibe ich euch, denn das hilft gerade sehr:*

*"Zweifel nie daran, dass Wunder geschehen können, nur weil es unwahrscheinlich erscheint." Stefan Hiene*

*Danke, dass ihr heute Abend auch wieder mit dabei seid, das tröstet und hilft sehr und ich freue mich, dass ihr, meine Wiener Familie da seid, innerlich.*

*Bussi an alle,*

*Christi*

*Hallo du Lieber!*

*Das ist gerade eine sehr ver-rückte Zeit! Ich fühle mich auch irgendwie wie in einer anderen Welt....*

*Heute hat er Chemo bekommen und es löste sich dann viel im Darm und er konnte gut zur Toilette ... hoffentlich kann er gut schlafen!!*

*Die andere Bitte an alle leite ich weiter.*

*Ich danke dir von Herzen, mir tun deine Worte total gut!*

*Und ich wünsche dir, dass du dich schnell wieder fit fühlst!*

*Herzliche Grüße*

*Christina*


Hey, meine liebe Christina!

Herzlich gerne! Ich klinke mich manchmal zu anderen Zeiten für ihn ein und versuche mich mit dem Heilungsfeld zeitlich versetzt zu verbinden. Mein Eindruck war, dass das möglich ist. Bleibt im Vertrauen ... ich glaube, dass das das A und O ist für alles. Ich nehme dich ganz lieb in den Arm und sende Dir viel Kraft!

*Danke,*

*Marco kommt vielleicht am Montag nach Hause mit Palliativpflege und ich werde erstmal die ersten Nächte da sein und wir schauen, ob es zu Hause überhaupt funktioniert. Puhh, ich habe schon ein wenig Angst davor. Auch ob ich stark genug bin, das alles zu schaffen …*

*Ich werde Arbeitslosengeld beantragen, da ich sonst nicht weiß, wie ich finanziell klarkommen soll, aber das ist gerade das geringste Problem.*

*Ganz herzliche Grüße und danke für deine Gebete, alles kommt hier an und stärkt uns!*

*Christina*

*„Marco hatte große Angst nach Hause zu kommen, da er nachts ständig Schmerzmittel benötigte. Das war auch meine größte Sorge! Ich bin keine Krankenschwester und kann ihm keine Spritzen geben! Ich hoffe, wir schaffen das."*

*Danke, ihr Lieben,*

*es ist soooooo wundervoll, dass ihr immer an unserer und besonders an Marcos Seite seid!*

*Dienstag gab es schlechte Nachrichten, aber ich bin ganz ruhig geblieben.*

*Ich spüre die liebevollen Gebete von so vielen Menschen. Und
es hilft.*
*Ich habe immer noch ein gutes Gefühl.*
*Alles wird gut, wie auch immer es ausgehen wird.*
*Herzliche Grüße*
Christina

Liebe Christi, lieber Marco!
Vielen lieben Dank für deine Nachrichten! Es tut uns leid, dass
Marco nach zwei besseren Tagen wieder so arge Schmerzen hat.
Wir hoffen, dass es ihm bald wieder besser geht und schicken
ihm viel Liebe und beten für seine Heilung! Gern sind wir
morgen und am Samstag ganz innig mit euch verbunden, um
Marco neue Kraft für seinen Kampf gegen den Krebs zu senden.
Ich denke sehr oft an euch und hoffe, dass sich alles zum Guten
wendet!
Ganz viele liebe Grüße, Kraft, Licht, Zuversicht und Gottes
Segen aus dem fernen Wien!

*Hallo Ihr Lieben,*
*Danke, danke, danke, dass ihr heute wieder mit dabei seid!*
*Marco hat gestern noch ein Morphin bekommen und danach
ging es ihm besser. Heute ist die zweite Chemo und eventuell*

kommt er nächste Woche nach Hause mit Palliativpflege ...
Hoffentlich klappt das zu Hause ... Einer von uns wird dann
erstmal da sein, obwohl Marco das gar nicht möchte ...

Es fühlt sich alles schwer an, aber dann entwickelt es sich oft
leichter als gedacht. Anstrengend sind die langen Staus auf der
Autobahn nach Hamburg ... und zurück ...
Ich sitze einfach bei Marco, wenn er Schmerzen hat und bin
ganz still, schicke ihm Heilung, das tut ihm und mir gut!
Es hilft, dass ihr alle und so viele liebe Menschen jetzt für ihn
beten!
Auch mir hilft das innerlich, ich fühle mich dann nicht so alleine
mit allem, der Sorge, dem Schmerz und dem seit eineinhalb
Jahren nicht wissen, was kommt.
Wie muss es erst für Marco sein? Er bekommt im Krankenhaus
aber auch seelische Unterstützung, aber wenn er Schmerzen
hat, geht auch das nicht.
Er möchte gesund werden, und manchmal sind Ärzte
unachtsam und sagen Dinge, die ihn eher stressen, als
unterstützen ...
Falls es nicht klappt zu Hause, kommt er wieder ins
Krankenhaus oder Hospiz. Da war er sehr geschockt ... Ich
auch ...
Die behandelnde Onkologin, eine etwas ältere und erfahrene
Ärztin, war sehr kühl und wenig empathisch als sie es sagte.

Ich bin doch geschockt, wie wenig Einfühlungsvermögen Ärzt:innen manchmal zeigen. Mag sein, dass sie sehr unsicher war ob Marcos Alter? Denn auch der junge Arzt war menschlich mit der Situation überfordert. Werden Ärzt:innen nicht auf solche Patient:innen vorbereitet und ausgebildet?

Marco meinte danach, das hört sich schon nach Sterben an. Und so ging es mir auch. Habe dann aber nachgefragt und sie meinte dann kurz angebunden, dass er dort 24-Stunden-rundum-Pflege während der Chemo hätte und auch wieder nach Hause kann, wenn es besser geht.

Das Problem ist gerade das Blut, es stürzt immer nach der Chemo ab, deshalb können sie ihn nicht so weiterbehandeln wie bisher ... Wir brauchen ein Wunder ...

Herzensgrüße und daaaaaaaaaaaanke, es ist so gut, dass ihr alle meditiert und betet für ihn!

Das hilft auch mir und uns!!!!

Christina

Liebe Christi!

Natürlich mache ich das. Ich stelle mir immer den Wecker auf 20:57, dann vergesse ich es nicht oder schlafe nicht vor dem Fernseher ein!
Letzten Samstag haben zwei Freundinnen von mir auch mitgebetet, jede von sich zu Hause aus. Ich schreibe sie heute wieder an, ob sie vielleicht heute mittun.
Was gibt es Neues von Marco? Sagst du ihm, dass wir mit dem Herzen mit ihm verbunden sind, bei ihm sind?
Und mit dir!

Viele liebe Bussi


*Hallo du Liebe!*
*Ja, ich sage Marco, dass wir mit dem Herzen verbunden sind und für ihn beten oder meditieren.*
*Es geht ihm nicht gut, er hat nach wie vor starke Schmerzen, besonders jetzt wieder nach dem CT. Er bekommt ständig Schmerzmittel, auch Morphine, aber oft wirkt es nur kurz.*
*Er soll morgen nach Hause aber ich sehe das noch nicht. Es wird zwar jetzt immer eine von uns da sein, auch nachts, aber er hat gerade nachts Schmerzen und bekommt im Krankenhaus dann einen Tropf. Das kann ich nicht. Also*

*müssen wir dann den Palliativnotdienst rufen, er ist eingeweiht, und sie kommen dann. Das fühlt sich nicht gut an.*

*Ich schlafe jetzt schon so schlecht, wie soll das werden?*

*Sollte es zu Hause nicht klappen, kommt er wieder ins Krankenhaus ...*

*Hoffentlich bleibt er noch eine Woche.*

*Aber dann geht schon wieder die Chemo los und dann fühlt er sich erst recht sehr schlecht.*

*Trotz allem, ich weiß nicht warum, vielleicht weil ich zwei gute Träume von ihm hatte, habe ich immer noch ein gutes Gefühl.*

*Er bekommt so viel Liebe und Gebete.*

*Und vor ca. vier Wochen träumte ich aber, dass ich im Bett mit meiner Freundin Julia lag, Hand in Hand, und Marco mich von oben küsste und sagte, er fährt schon nach Hause und dass er nicht wusste, dass es bei uns so schön sei. Ich erwiderte, dass er ja noch bleiben kann.*

*Da legte er sich neben mich ins Bett, ich umarmte ihn und sagte: "Alles wird gut, aber es braucht noch ..."*

*Julia bedeutet das Göttliche, und nach Hause könnte sein, nach Hause, wo seine Seele herkommt, zu Gott... aber er bleibt noch ein bisschen ...*

*Aber letztlich weiß ich gar nichts ... Ich fühle eher mehr.*

*Ganz liebe Grüße und DAAAAAAANKEEEE auch an deine Freunde!!!*

*Deine Christi*

*Danke du Liebe!*

*Ich fühle mich so was von schwach und ängstlich, was jetzt
alles auf mich zukommt ...*

*Aber irgendwie geht es weiter ...*

*Mit der Angst unter dem Arm ...*

*Bussi Christina*

# Donnerstag, 24. September

*Hallo, ihr Lieben!*

*Hier sind die letzten News:*

*Marco ist gestern nach Hause gekommen, schlapp und blass.
Dann kam der Palliativdienst mit der Ärztin und sie haben alle
Medikamente eingestellt und abends die künstliche Ernährung
und ich wurde auch eingewiesen, so kann ich im Notfall auch
was tun ...*

*Außerdem hat er ein Opioid-Pflaster bekommen und einiges
gegen die Übelkeit, so dass er eine relativ ruhige Nacht hatte.
Gott sei Dank!*

*Ich habe immer ein Ohr offen gehabt heute Nacht, aber
einigermaßen geschlafen.*

*Das Team ist super nett, gestern habe ich nachmittags
angerufen, da ihm andauernd übel war, und es kam ein netter
Pfleger, der ihm geholfen hat und alles weitere einstellte und
letztlich erst um 21 Uhr nach Hause ging.*

*Wie es weitergeht, werden wir sehen. Ob er zu Hause bleiben
kann oder nicht.*

*Montag ist Chemo, und die Tage danach sind immer sehr
schwer. So habe ich hier hoffentlich jede Unterstützung des
Teams ...*

Es ist eine gute Schule für mich, im Jetzt zu bleiben. Damit kann ich gerade gut sein und genieße zwischenzeitlich sogar die Ruhe, da ich ja nichts weiter machen kann, außer ein wenig einkaufen, saubermachen oder kochen. Ihm den Rücken massieren oder ein wenig sprechen, wenn er kann, weil er so müde ist oder ihm übel ist.

Er hat es genossen, dass ich einfach nur da bin ... ich auch.

Ich danke euch allen von Herzen, ich spüre eure Liebe, Gebete und Kraft, und es hilft auch mir, ruhig und zentriert zu bleiben und nicht in Ängste an die Zukunft zu fallen.

Herzensgrüße

Christina

Danke liebes Schwesterlein!

Es ist gerade nicht leicht, aber ich schaffe das mit Hilfe von Vielen. Marco ist sehr tapfer!

Bussi, Bussi

deine Christi

Hallo du Liebe!

danke für deine lieben Worte! Dass du immer betest für ihn, ist für mich das Beste !!! was du und ihr tun könnt.

Sein Leben ist in Gottes Händen und wir helfen mit 😊.

*Hab dich auch liiiiieb, und bitte danke allen von mir, denn alle*
*beten mit .......*

*Und hier auch alle Freunde und Freundinnen ... und sogar*
*meine Teilnehmerinnen haben gestern spontan einen*
*Gebetskreis gebildet. Das berührt mich schon sehr, dass so*
*viele liebe Menschen dabei sind!!!*

*Und dass viele Dinge völlig belanglos werden, das kann ich*
*wahrnehmen ...*

*Die Mädchen werden mich immer mal einen oder auch*
*mehrere Tage vertreten, aber auch das wird sich erst während*
*der Chemo zeigen! Peter nimmt alles so an und ist im*
*Hintergrund für mich da. Eigentlich wollten wir am 3.10. für*
*eine Woche nach Dänemark, aber das wird nichts werden.*
*Macht nichts. Vielleicht fährt er ein paar Tage alleine, aber*
*große Lust dazu hat er nicht ...*

*Bussi von deiner*
*Christi*


Ich mache gerne mit um 20 am Samstag, es kann auch an
mehreren Tagen sein, es ist so wenig, was ich tun kann.

Brauchst du finanziell etwas, wenn du nicht oder wenig arbeiten
kannst?

Wie geht es Peter mit der Situation? Wie geht es euch als Paar?

Liebe Christi, jede Sekunde ist gut, jedes Lächeln für deinen Sohn, jede Form bei ihm zu sein.

Hab dich lieb, und alle deine Lieben auch!

*Du bist süüüüsss*  *, Bussi, Bussi*

*My beloved!*

*Vielleicht kannst du was Leckeres morgen zum Essen machen, falls ich nach Hause komme? Bin zu dünn geworden ...*

*DAAAANKE und Bussi und vielleicht fahre ich eh nach Hause, E. meinte, ich soll das ruhig machen ...*

*deine Chrissie*

## Samstag, 26.September

*Guten Morgen!*

*Danke für eure Hilfe!*

*Es könnte sein, dass Marco heute doch wieder in die Klinik kommt, die Nächte sind jetzt doch zu anstrengend für ihn geworden mit 10 x zur Toilette etc., aber wir werden das gleich mit dem Team besprechen. Er hat den Wunsch geäußert, und wir haben das gestern schon mit dem KH besprochen.*

*Bis bald,*

*und einfach nur daaaaaaaaaaaaaaaaaaaanke für euch alle*

*Christina*

Liebe Christi, lieber Marco,

Ich denke sehr oft an euch und werde auch morgen um 21 Uhr für Marcos Heilung beten. Ich habe vorige Woche in einer Foto-App auf meinem Handy ein Foto von Marco angezeigt bekommen, wie er vor 4 Jahren bei uns auf Besuch war. Ich hab' es aber dann in meiner Galerie nicht gefunden. Ich habe es aber in meinem Herzen gespeichert und hoffe, dass Marco gesund wird und uns wieder besuchen kann.

Ich wünsche euch viel Kraft, Liebe und Zuversicht in dieser schweren Zeit! Ganz liebe Grüße!

*Hallo, ihr Lieben!*

*Also, so wie es aussieht, wird er nachher wieder aufgenommen. Nach vier Wochen muss man anscheinend aus dem KH hinaus.*

*Um dann ein paar Tage später wieder aufgenommen zu werden? Echt stressig für Marco! Montag ist Chemo und er hat zu viel Bammel davor, zu Recht!! Egal, es ist jetzt so, und wir fahren nachher mit dem Transportdienst hin.*

*Danke, dass ihr alle heute Abend wieder für ihn betet!*

*Ich werde mich abends dankbar in mein Bett fallen lassen und mich ausschlafen.*

*Herzliche Grüße, Christina*


*Hallo, ihr Lieben!*

*Danke für euren unermüdlichen Einsatz für Marco.*

*Er ist im Krankenhaus derzeit am besten aufgehoben, zumal er oft nachts vor Schmerzen nicht schlafen kann.*

*Morgens, schon bevor ich ganz wach bin, habe ich ziemlich traurige Gefühle, dann stehe ich auf und meditiere, das hilft mir dann sehr.*

*Ich danke euch allen von Herzen, ich spüre eure Liebe, Gebete und Kraft! Herzensgrüße von Christina*

# Mittwoch, 7. Oktober

Liebes Schwesterlein!
Kann ich Marco *Mails* schicken?
Bussi

*Marco ist einverstanden, wenn du ihm schreibst* 😊.
*Bussi, Christi*

Liebes Schwesterlein!
Ich werde deine Bitte erfüllen und wünsche Marco viel Kraft,
diese schwere Phase zu überstehen. Bitte richte ihm ganz, ganz
liebe Grüße von H., Winnie Pooh und mir aus.
Bussi
PS: Vielleicht kannst du ihm das Foto mitbringen.

*Hallo du Liebe!*
*Ich werde deine Mail einfach an Marco weiterleiten* 😊.
*Und daaaanke für eure Hilfe, ich hab' euch alle lieb und bin*
*froh, dass ihr im Hintergrund dabei seid!*
*Viele Bussis, deine Christi*

*Danke,*

*wir hatten gerade Familienrat, wie es weiter geht …*

*Danke dass ihr da seid.*

*Bussi*

*Christi*


Hallo, liebe Christina,

ich verbinde mich gedanklich oft mit Marco und ich bin seit 5 Tagen jeden Morgen um 3wach …

Heute konnte ich nach einer halben Stunde glücklicherweise noch einmal einschlafen, die Tage davor ging dies nicht.

Liebe Grüße und vor allem alles Gute für Marco.


*Als ich heute bei Marco war, hatte er wieder sehr starke Schmerzen trotz all der Schmerzmittel und all der Infusionen gegen Übelkeit.*

*Er stellte sich, während er auf dem Bett kauerte und solche Schmerzen hatte, die Frage:*

*„Was habe ich gemacht, dass ich so leiden muss?"*

*Ich konnte nur antworten: „Das ist müßig zu fragen. Wir können nie im Leben alles richtig machen, warum es so ist, wissen wir nicht."*

*Es gab Situationen, wo es mir im Herzen sehr weh tat, ihn so zu erleben - dies war so ein Moment!*

*Ihr Lieben!*

*Gerade komme ich aus dem Krankenhaus in Hamburg.*

*Bitte nicht erschrecken, aber so wie es aussieht und nach langen Recherchen und Hilfen vom Krankenhaus, kommt Marco wahrscheinlich nächste Woche für die Zeit der Chemotherapie in das angrenzende Hospiz, das gerade im September neu eröffnet hat.*

*Marco wollte es so, da es für ihn zu Hause nicht geht. Er benötigt nachts Hilfe von ausgebildeten Krankenpfleger:innen oder Ärzt:innen.*

*Er hat nicht mehr lange überlegt, als er hörte, dass er wieder nach Hause kommt, sobald es ihm wieder besser geht.*

*Für uns ist es auch ein besseres Gefühl, da es ihm so einen Druck gemacht hat, wieder nach Hause zu müssen.*

*Die Ärzte haben selbst gemerkt, dass es nicht geht.*

*Er hat entweder Bauchschmerzen oder Erbrechen oder Durchfall, kein Tag ohne Probleme. Trotzdem hat er mit der künstlichen Ernährung 3 kg zugenommen.*

*Meine Bitte ist, weiterhin am Mittwoch und Samstag 21Uhr, 10 Minuten für ihn zu beten.*

*Herzlichen Dank und liebe Grüße, auch nach Wien 😊,*

*Christina*


Durchhalten und viel Kraft!

Alles Liebe und Bussi

*Danke für deine lieben Worte!!!*
*Lag seit gestern mit Migräne flach, aber es geht jetzt langsam*
*wieder. Ich hatte es jetzt sehr lange nicht mehr so schlimm.*


*Marco war gestern im Hospiz, aber heute schon wieder im*
*Krankenhaus, da er immer wieder Blut spuckt und er eventuell*
*Blutkonserven bekommt. Aber Montag geht er wieder zurück.*
*Er meint, dass es sehr schön ausgestattet ist.*
*Heute Nacht hatte ich sehr starke Ängste, immer wenn ich*
*schwach bin, überfällt es mich und ich habe dann kaum*
*Hoffnung. Jetzt geht es wieder besser. Aber mit der Angst*
*müssen wir alle leben. Für Marco ist es noch viel schlimmer,*
*aber er will gesund werden. Das ist die richtige Einstellung.*
*1000 Bussis und es ist so schön, dass ihr jetzt alle da seid...*

## Sonntag, 11. Oktober

*Liebe Familie! Liebe Freundinnen und Freunde!*

*Leider gibt es keine guten Nachrichten.*

*Marcos Vater hatte gestern ein Gespräch mit der Psychologin im Hospiz.*

*Sie sagte, dass sie mit Marco ein Gespräch hatte, in dem sie ihm einfühlsam sagte, dass er jetzt für den Rest seiner Zeit anders schauen muss. Er hat nicht mehr lange zu leben.*

*Was genau sie ihm sagte, weiß ich nicht, sie hat es sicherlich gut formuliert.*

*Die Ärzte sagen, dass er schulmedizinisch austherapiert ist auch keine Chemo mehr.*

*Marco hat sich danach bei ihr dafür bedankt und geweint. Sie hat lange seine Hand gehalten ...*

*Uns hat er noch nichts gesagt, er muss jetzt wahrscheinlich erstmal selbst damit klarkommen. Marco wollte gestern keinen Besuch, aber seine Schwester war dann Gott sei Dank doch bei ihm. Abends habe ich ihm geschrieben, dass ich innerlich und äußerlich da bin, egal, was jetzt ist und kommt.*

*Puhhhhh, ich bin schon sehr, sehr traurig. Ich gehe durch meinen geliebten Wald und weine ...*

*In der Nacht davor hatte ich große Angst und mir war aufgefallen, dass die Hoffnung weg war.*

*Heute Nacht habe ich fast nicht geschlafen.*

*Gestern Abend haben Peter und ich das Göttliche um Hilfe gebeten, für Marco und uns alle. Dass das Beste für Marco und seine Seele geschieht ... Und es leicht für ihn wird ...*

*Ich fühle mich jetzt ruhig und irgendwie ist etwas abgefallen.*

*Alles liegt in Gottes Hand.*

*Wie wir das den Mädchen sagen, weiß ich noch nicht ...*

*Ich danke euch allen von Herzen, ich spüre eure Liebe und Gebete, und das stärkt uns alle!*

*Herzensgrüße,*

*Christina*

*Wahrscheinlich werde ich es nicht schaffen, alle Mails zu beantworten*

Liebe Christi!

Das sind schreckliche Nachrichten und ich hoffe inständig, dass wirklich ein Wunder geschieht Vielleicht werden meine Gebete erhört! Ich mag mir gar nicht vorstellen, was du jetzt durchmachst und sende dir viel Kraft und Trost.

Bussi

*Daaaanke, liebe Schwester!*

*Wir sind jetzt immer einer von uns bei Marco. Er hat viel geweint, da er es, so wie wir, nicht fassen kann.*

*Ich weine, wenn mir danach ist ... morgen bin ich wieder bei ihm, wir wechseln uns ab...*

*Es tut ihm gut, auch wenn er nicht viel spricht, aber er hat dann nicht so dunkle Gedanken.*

*Viele beten für ein Wunder, mal sehen. Ich gebe es in Gottes Hände und bete, dass es gut für ihn wird, egal wie.*

*Und dass wir weiterleben können, auch wenn er nicht mehr da ist ...*

*Gute Nacht, ich bin hundemüde.*

*Schön, dass du an uns denkst, das hilft sehr*

*Liebe Familie! Liebe Freundinnen und Freunde!*

*Hier sind die letzten Ereignisse zu eurer Information:*

*Am Montag war Marco, nach Wochen, wieder mit am Tisch in seinem Einzelzimmer (noch nicht im Hospiz), aber auch, weil er am Rücken nicht mehr liegen kann, wegen Brechreiz.*

*Er hat zwei Blutkonserven bekommen, da er so viel Blut erbricht, dass es schon fehlte.*

*Er hat sehr viel geweint, da er jetzt innerhalb von drei Tagen sein Leben ordnen musste.*

*Haus, Geld, sich von seiner Ex-Freundin und seinen engsten Freunden verabschieden, seine geliebten alten BMWs, die er immer gebastelt hat, hat er an zwei seiner Freunde verschenkt, weil sie das zu schätzen wissen.*

*Gestern haben wir sogar die Beerdigung besprochen, was er gerne hätte. Er will hier auf dem Ruheforst begraben werden, im Wald, wo er immer mit dem Mountainbike unterwegs war. ☺. Also in unserer Nähe, das hat er auch für uns so ausgewählt. Und eine Urne und einen kleinen Grabstein mit BMW und HH-CU= „see you" darauf.*

*Er war gestern sehr ruhig und doch gesprächig, auch weil wir alle Banksachen und Vollmachten erledigt hatten.*

*Jetzt kann er loslassen.*

*Zur Nacht, aber auch zwischendurch bekommt er Morphium.*
*So wie wir die letzten Tage gemeinsam, auch mit seinen Schwestern und seinem Vater, verbracht haben, ist es unglaublich, dass er in ein paar Tagen nicht mehr da ist.*

*Er ist voll wach, redet, lächelt, macht kleine Witze. Machte sich Sorgen, weil ich den Knoten am Hals habe, aber ich konnte ihn beruhigen.*

*Wir haben auch über die Zeit des Überganges gesprochen, dass mein Vater ihn abholen wird und er direkt ins Paradies geht und dort Auto basteln kann so viel er möchte.*

*Am Samstag werden wir uns von ihm "verabschieden", er wollte es so, da er danach sediert werden soll, damit er keine weiteren Schmerzen und möglichst kein Erbrechen mehr hat. Aber er wird dann kaum ansprechbar sein. Wie lange es dann für ihn noch weitergeht, weiß einzig Gott.*

*Ich weine sehr viel, bin aber auch dankbar für die letzten Tage, so live, wach mit ihm und uns zu verbringen. Seine Schwestern waren oft bis spät nachts bei ihm, da er nicht alleine sein möchte.*

*Gestern Nacht, als ich nicht schlafen konnte und meditierte, kam zum Schluss der Satz:*

*"Mein Sohn wird neu geboren."*

*Es wäre sehr schön, wenn ihr ihm viel Liebe und Licht für seinen Übergang senden könntet, so dass er sich auf seinem letzten Weg geborgen fühlen kann.*

*Ich danke euch von Herzen!*


*Heute geht es ins Hospiz und ich bin sooo dankbar, dass er der Erste ist, der in diesem Zimmer seine letzten Tage verbringen wird. Energetisch macht mir das ein ruhiges Gefühl.*

*Herzliche Grüße und Bussi*

*Christina*

☯

# Mittwoch, 14. Oktober

*Du lieber Freund,*

*vielen, vielen Dank für deine liebevollen und tröstenden Worte.*
*Du sprichst mir aus dem Herzen! Auch ich werde ihn unterstützen, so wie ich kann und er es zulässt.*
*Ja, es ist für mich die härteste Prüfung, eines meiner Kinder gehen zu lassen.*
*Und ich weiß auch, dass es die größte Herausforderung ist im Selbst, im Herzen zu verweilen und nicht dem Verstand die Macht zu überlassen ... dann ist Frieden, Liebe und Annahme da ... und auch all die Gefühle, die darin auftauchen.*
*Danke für deine Unterstützung gerade jetzt.*

*Liebe Grüße*
*Christina*

Liebe Christi!
Das sind wirklich traurige Nachrichten.
Ich möchte euch alle ganz fest umarmen und trösten und tue es in Gedanken auch.

Wir hatten heute in der Pfarre Firmung, S. hat musiziert und ich bin hinten in der Kirche gesessen und habe für euch gebetet und dabei immer wieder geweint.

Marco ist noch so jung!!!! Was gibt es für Eltern Schlimmeres, als das eigene Kind so leiden zu sehen und nicht helfen zu können!

Ich wünsche dir ganz viel Kraft für diese schwere Zeit und will die Hoffnung auf ein Wunder nicht aufgeben!

Ich drücke dich in Gedanken ganz fest.

Alles Liebe

*Du liebe Freundin!*

*danke für deine lieben und rührenden Worte und dass du in der Kirche für Marco gebetet hast. Es hilft, egal wo, wie und wann!!*

Wunder gibt es immer wieder, fest daran glauben.

Ich denke täglich an euch – manchmal ist das Schicksal auch grausam. Ich kenn das aus meiner Kindheit. Ich bin in Gedanken bei dir.

Bussi

*Lieber Bruder, ich danke dir für deine lieben Worte!*
*Ja, du kennst es auch aus eigener Erfahrung, es brennt sich als*
*Kind besonders ein Ich vertraue, dass das Beste geschieht, was*
*auch immer das sein wird*
*Bussi und passt auf euch auf*
*Deine Christi*


Liebe Christina,
Oh meine liebe Christina! Es fehlen mir die Worte und ich kann mir nur ansatzweise vorstellen, wie du dich gerade fühlst. In mir ist auch der Satz: Bei Gott ist nichts ..., wirklich gar nichts unmöglich. Trotzdem gilt es loszulassen ... Es Gott zu überlassen, was ist sein Plan mit Marco. Ich werde weiter beten, für Marcos Heilung zum Leben oder zum Sterben ... Für dich um unendlich viel Kraft, um loszulassen und weiter zu vertrauen ... egal, wie es kommt. Sei gesegnet und behütet.
In tiefem Mitgefühl

*Liebste Freundin!*

*Das tut soooo gut, dass du schreibst, und deine Worte erst recht! Danke, danke, danke!*

*Ja, wir überlassen alles Gott, ich gebe immer alles in seine Hände.*

*Marco weint viel, denn es wird ihm bewusst, dass es jetzt zu Ende geht ... Und da ist er noch gar nicht, es geht so schnell ...*

*Heute habe ich viel geweint, aber auch das ist gut und hilft, den Druck und die Angst loszulassen.*

*Mooji schickt uns Blessing und Liebe und das ist auch schon eine große Gnade für sich!*

*Ich vertraue, dass das Beste geschieht für alle!*

*Danke für deine Liebe*
*Christina und Peter*

*Liebe Freundin!*

*Vielen, vielen Dank für deine liebe Mail!*

*Ich bin auch sooo unendlich traurig, weine sehr oft ...*

*Marco hat gestern fast gar nicht mehr geweint, er hat mit uns fast alles geordnet.*

*So dass er sich jetzt entspannen kann.*

*Wir sind täglich bis spät abends bei ihm, da er nicht mehr gerne alleine ist.*

*Ich begreife es einfach nicht. Er sitzt mit uns am Tisch, kann nichts mehr essen, aber er spricht ganz normal, sieht blass, aber nicht dünn aus. Du würdest nicht denken, dass er nur noch ein paar Tage hat ...*

*Aber ich bin dankbar, dass wir jetzt noch so viel besprechen, weinen, lachen, lieben können, wir alle fünf als Familie. Das ist zwar sehr schwer, aber doch sehr stimmig und heilsam.*

*Danke, dass du mit uns bist! Pass du auch gut auf dich auf!*


*Herzensgrüße*
*Christina*

Liebe Christina,

selbstverständlich werden wir deine Bitte berücksichtigen.

Es ist gerade schwer, die richtigen Worte zu finden, und vielleicht gibt es die auch gar nicht, aber dennoch möchte ich dir sagen, dass ich mich sehr eng mit dir verbunden fühle und bei euch bin, wenn es auch physisch gerade nicht möglich ist.

Wenn ich dich irgendwie unterstützen kann, dann lass es mich bitte wissen.

Wir werden weiter für ein Wunder beten, wenn du damit einverstanden bist.

Sei von ganzem Herzen gegrüßt und liebevoll umarmt 🫂

🌀

## Freitag, 16. Oktober

Hallo, Christina,

wir haben uns gestern Abend um 20 Uhr alle getroffen mit den Jungs und paar Mädels. B. kam mit Marcos blauen BMW und F. mit dem grünen BMW dorthin. Wir hatten jeder eine Fritz Apfelschorle in der Hand, wir haben alle an Marco gedacht. Da sind diese tollen Bilder entstanden, die wir für Marco gemacht haben und ihm auch geschickt haben. Wir wünschen euch weiterhin ganz viel Kraft und sind mit den Gedanken bei euch, fühlt euch gedrückt.

Lieben Gruß

*Ihr Lieben,*

*heute, bevor Marco ins Hospiz kam wurde er gefragt, ob er noch etwas mit uns zu klären hätte, aber er hatte mit uns nichts mehr zu klären und wir auch nicht. Die Ärztin fragte, ob wir ihn ins Hospiz begleiten werden und darauf sagte ich: „Ich habe ihn auf diese Erde gebracht, ich bringe ihn auch wieder zurück".*

*Sie war etwas erstaunt über meine Antwort.......*

*Wir sind alle gemeinsam mit Marco, also wir 5 als Familie ins Hospiz „gewandert". Es war irgendwie schön, wie wir ihn, mit dem Rollstuhl, alle gemeinsam begleitet haben......*

*Mein Erschrecken war plötzlich, dass ich dachte: „Dann habe ich „nur" noch 2 Kinder. Aber eine innere Stimme sagte: „Du wirst immer drei Kinder haben". Ja, so ist es und so wird es immer sein. Das entspannte mich sofort.*

*Es gab immer wieder Situationen und Gefühle, mit denen ich nicht gerechnet habe, über die ich mir vorher überhaupt keine Gedanken gemacht habe.*

*Bussi Christi*

Our beloved Christina

Thank you for reaching out to Moojibaba for you and your son to receive his blessings. We are deeply touched and would like to ask you if you would like to send a photo of yourself and your son for Moojibaba to see.

An abundance of blessings and love to you and your son from us at Monte Sahaja

Zenji

Mooji Answers Team

*Beloved Mooji, Zenji and Mooji Team!*
*We wrote to you last week about my son Marco.*
*Now it seems, his last days has come. He is in peace and ready*
*for his last journey and so we do as well.*
*It is a great opportunity to guide him during his last days, with*
*much crying, laughing, pain and endless love ...*
*Thank you from my heart for your Blessings and Love to him,*
*please could you continue over the next days?*
*So he will find his way home into Gods arms.*

*Thank you Mooji for your Love*
*Christina*

Beloved Christina and beloved Marco
Thank you for writing to Mooji and us to tell us about Marco.
As soon as we could make Moojibaba aware of your message he
started to pray for Marco and here are his messages for you.
We are with you!
Sending much love, light and blessings!
Zenji

Liebe Christina,

ich möchte gar nicht viel schreiben, die richtigen Worte zu finden in dieser Situation ist wahrlich schwer. Mama hat mir deine Mails weitergeleitet, so weiß ich, wie es um Marco gerade steht, und konnte mich auch bei ihm direkt melden. Natürlich bin auch ich unendlich traurig und kann es einfach nicht fassen. Ich wünsche euch weiter ganz viel Kraft, Mut und Zuversicht für diese schwere Zeit. Marco hat wirklich großes Glück mit seiner liebenden Familie, es ist gut, dass ihr so zusammensteht und ihn begleitet, so kraftvoll. Wir beten weiter sehr viel für ihn und für euch, und wünschen ihm einen möglichst sanften Übergang in das schöne Jenseits, euch und uns viel, viel Vertrauen und Stärke beim Abschiednehmen.

Ganz, ganz feste Umarmung

*Guten Morgen,*
*Habe mich gestern Abend so sehr über deine Nachricht gefreut! Dass du auch Anteil an Marcos Weg nimmst!*
*Er kam gestern erst ins Hospiz, aber jetzt hat er ein schönes, neues Zimmer, wo noch nie jemand verstorben ist! Irgendwie beruhigt uns das.*
*Es wurde gestern alles mit ihm und den Ärzt:innen und Pfleger:innen besprochen, was seine Schmerzen und das Erbrechen erleichtert.*

*Besonders bekommt er jetzt endlich Sedierung, damit er nachts schlafen kann, denn er hatte immer schon Panik davor, dass er wieder dauernd zur Toilette laufen muss, wegen des Erbrechens.*

*Ich werde nachher hören, wie seine Nacht war. Seine Schwester schrieb gestern noch, dass er gut eingeschlafen ist.*

*Wir sind alle sehr entspannt, das wundert alle. Sie fragten Marco gestern, ob er mit uns Eltern noch was zu klären hätte.*

*Er meinte nur: „Nein, wir haben alles geklärt und wollen jetzt einfach nur reden und quatschen."*

*So fühlt es sich für mich auch an. Ich habe nichts mit ihm zu klären.*

*Habe ihm nur gesagt, wie sehr ich ihn liebe und dass ich ihn immer bewundert habe, dass er nicht so angepasst ist und ich da viel von ihm lernen konnte. Er meinte lächelnd: „Na, ich war schon laut." Das habe ich verneint, er war kein lautes Kind. Lebendig ja* 😊*!*

*Trotz all seiner Schmerzen ist er immer noch so intelligent, dass er sich auch von all den Ärzt:innen nicht einschüchtern lässt und immer nachfragt oder nein sagt, wenn ihm etwas nicht gefällt.*

*Er sorgt auch gut für sich! Ich finde das in seinem Zustand schon sehr bemerkenswert.*

*Ich bin schon seeeeehr traurig, weine oft, denn wie wir wirklich damit klarkommen, wenn er ins Jenseits gegangen ist, weiß ich nicht.*

*Oft bin ich sehr ruhig und manchmal überschwemmt mich die Trauer.*

*Aber das ist alles okay so.*

*Er wird immer bei uns sein, aber eben in anderer Form und befreit von seiner Krankheit.*

*Jetzt habe ich einen Roman geschrieben ...*

*Ich weiß nicht, ob er dir noch geantwortet hat, er schreibt inzwischen nur noch uns, weil es zu anstrengend ist. Es ist dann nicht persönlich, dass er nicht mehr schreibt.*

*Wenn du möchtest, kannst du diese Mail gerne auch an ... senden, da ich jetzt wenig Zeit zum Schreiben finde.*

*Ganz, ganz herzliche Grüße und tiefen Dank aus meinem Herzen für all eure Gebete, es tut so gut und hilft, in der Tiefe der Seele alles anzunehmen.*

*In Liebe,*

*Christina*

Liebste Freundin!

Ich bewundere deine Stärke und Kraft. Morgen fahre ich nach Mellinghausen bis Sonntag, zum Seminar. Gerne nutze ich auch den Lichtkreis für Marco und euch.

In Liebe und Mitgefühl

*Liebste Freundin!*

*gerne nutze ich euren Lichtkreis für uns alle! Das unterstützt uns immer sehr und besonders eure Liebe und euer Mitgefühl. Marco wird mir sein teures Handy schenken, da es so eine tolle Kamera hat und ich so gerne fotografiere! Dann habe ich immer etwas von ihm bei mir und rufe ihn im Himmel an ☺.*

*Er hat sich heute auch seinen kleinen Grabstein für das Urnengrab ausgesucht, da er so gut drauf war ... Ich bin glücklich, dass er nach Waldhusen kommt, ich liebe diesen Wald bei Travemünde.*

*Herzensgrüße und hoffentlich bis bald,*

*Christina*

Danke, danke für deine sooo lieben Worte!

Wir halten auch alle zusammen und das gibt uns viel Kraft!

Er sagte vorhin: „ Ich glaube, ich bin jetzt fertig für die Reise".

Das merken wir auch, denn er hat losgelassen, ist entspannt, gelöst und plant jetzt sogar seinen Grabstein mit uns! Diese tiefe Verbundenheit mit uns fünfen, also drei Kinder, sein Vater und ich, ist einfach so tragfähig und hilft uns allen!

Und soooo viele liebe Menschen stehen bereit um uns zu helfen, wenn wir Hilfe brauchen.

Selbst fremde Menschen helfen, die uns gar nicht kennen!

Ein Freund vom Partner meiner Tochter hat ihm ein T-Shirt mit einem BMW darauf und seinem Namen gesprayt und ihm gesendet. Er kennt ihn gar nicht.

Aber Marco hat sich sooo darüber gefreut.

Marco hat durch sein Schicksal so viel verändert und damit so viel mehr Liebe in diese Welt gebracht. Es ist sein Geschenk.

Alles liegt jetzt in Gottes Hand.

Ich hoffe, wir alle sehen uns bald wieder!


Ganz herzliche Grüße
Christina

## Sonntag, 18. Oktober

*Ihr Lieben!*
*Wer weiß, wie lange wir noch Zeit haben, das geht auf einmal zu schnell ...*
*Ohne euch und Mooji wüsste ich gar nicht, wie ich das schaffen sollte.*
*Anrufen geht oft wegen Zeitmangel nicht, oder weil ich gleich zu weinen anfange, aber das ist ok.*

*Danke für eure Liebe und Unterstützung*
*Christina*

*Liebe Familie! Liebe Freundinnen und Freunde!*
*Seit gestern bekommt Marco endlich hoch dosierte Schmerzmittel, Sedierung und Mittel, die den Magen und die Verdauung beruhigen.*
*So konnte er ab gestern Mittag endlich mal eine Stunde am Stück schlafen ohne zu erbrechen. Und wir hoffen, dass die Abstände jetzt länger werden.*
*Er hatte heute so starke Schmerzen, dass er sagte: „Mama, ich kann nicht mehr."*
*Das sind die Situationen, die mir das Herz zerreißen.*

*Ich bin dann los und habe dem Personal Bescheid gegeben und eine der tollen Pflegerinnen hat ihn dann endlich so mit Morphium eingestellt, dass er danach ruhig schlafen konnte. Marco ist jetzt wirklich unser Meister!*

*Klaglos hat er alles in den letzten Monaten und Tagen mitgemacht! Als gestern am späten Nachmittag seine Schwestern dazukamen und er noch schlief, machte er kurz die Augen auf und lächelte sie sooo süß an, mit all seiner Liebe ... trotz Kraftlosigkeit. Er ist so dankbar, dass wir da sind und den Ärzten leider immer wieder auf die Füße treten müssen, damit sie ihn endlich ohne Schmerzen einstellen.*

*Er hat uns als Familie, aber auch uns seinen engsten Freunden viel nähergebracht, das ist mit ein Geschenk von ihm!*

*Und dass er jetzt alles so angenommen hat wie es ist, ohne Widerstand. Das dritte Geschenk sind die vielen stillen, friedlichen, liebevollen Stunden an seinem Bett oder seiner Seite, das werde ich immer im Herzen tragen.*

*Und wenn ich bei ihm bin, ist es wirklich eine andere Welt. Viel Schmerz, aber sonst nur Liebe, Frieden und Annehmen, nur immer Jetzt.*

*Da bin ich überhaupt nicht traurig.*

*Bitte betet heute Abend wieder für ihn, dass der Übergang leicht und schön wird, mit viel Liebe und Licht direkt in Gottes Arme!*

*Tausend Dank, herzliche Grüße und Bussi*

*Christina*


Liebes Schwesterlein!

Bin in Gedanken ganz bei dir und Marco!! Denke sehr oft an euch und bin ebenfalls sehr traurig. Habe auch geweint und hoffe, dass ich Marco, wo auch immer, begegnen werde.

Wenn du irgendetwas brauchst, dann sag es mir. Bin für dich da!

Tausend Bussi


Liebe Christi! Lieber Marco!

Mein erster Gedanke beim Aufwachen geht zu euch, mein letzter vor dem Einschlafen auch. Ich sende euch all die Liebe und die Herzenskraft, die ich habe.

Ich bete für euch, für Marco, für seinen einzigartigen Weg, für sein Wohl-Ergehen.

Ich habe euch lieb.

*Liebes Schwesterlein!*

*Danke für deine liebe Mail!*

*Ich übernachte heute im Hospiz. Marco schläft seit heute Morgen ruhig, mal sehen wie lange noch! Bin froh, dass er endlich keine Schmerzen mehr hat.*

*Alles Weitere liegt in Gottes Hand!*

*Bussi Christi*

# Dienstag, 20. Oktober

*Liebe Familie! Liebe Freundinnen und Freunde!*

*Marco ist heute Nacht eingeschlafen.*

*Seinen letzten Tag hat er fast durchgängig geschlafen, ohne Schmerzen!*

*Wir sind bei ihm geblieben, da ich auch im Hospiz übernachtet habe, die Mädchen im Wohnmobil vor dem Hospiz.*

*Es ist noch unbegreiflich für uns, aber gleichzeitig ist großer Frieden und Trauer da. Endlich ist er erlöst.*

*Ganz herzlich möchte ich mich für alle eure Gebete und Meditationen bedanken!*

*Es hat uns sehr, sehr gestützt zu wissen, dass wir nicht alleine sind!*

*Herzliche Grüße*

*Christina*

*Bitte sendet in den nächsten Tagen möglichst keine Mails oder SMS, ich merke, dass es mir gerade zu viel ist. Ich spüre euch im Herzen und werde weiter berichten. Zur Trauerfeier sind nur 10 Personen zugelassen, d.h. die engste Familie ...*

*Beloved Mooji!*

*My deep gratitude for your Love, Blessings and Prayer for our Son Marco!*

*He left his body during the last night!*

*His last day he slept most of the time, the days before were very hard and with a lot of physically pain, but he accepted it. We are so grateful for his freedom now!*

*Thank you, Mooji, thank you from my heart for your help, your Blessings and Prayer.*

*Most of the time, I was in stillness and peace with this situation and with my son.*

*He was a great Master to me, to stay as the Self, his biggest gift to me ...*

*With a radiance of Love*

*Christina*

Du Lieber,

Marco ist heute Nacht eingeschlafen. Er ist jetzt endlich von all seinen Schmerzen befreit.

Die letzten Tage waren sehr schwer für ihn. Seit gestern hat er dann fast nur noch geschlafen.

Es war eine sehr heilige Zeit mit ihm im Hospiz. Ich war sehr ruhig und voller Frieden.

Ich habe es geahnt, dass es zu Ende geht.

Wir haben viele Stunden an seinem Bett verbracht, auch sein Vater und seine neue Partnerin.

Der einzige Wermutstropfen war für mich und meine Töchter, dass der Pfleger unsere Privatsphäre nicht geachtet hat, ich aber nicht die Kraft hatte ihn zu bitten uns alleine trauern zu lassen.

Ich hoffe einfach, dass Marco jetzt befreit ist und ins Licht geht ...


Herzliche Grüße und vielen Dank
Christina

## Donnerstag, 22. Oktober

*Liebe Familie! Liebe Freundinnen und Freunde!*

*Habe mich ein bisschen erholt von den schlaflosen Nächten und es geht mir trotz der Umstände ganz gut.*

*Ich fühle Marco sehr, er ist ganz unschuldig und muss sich erstmal "erholen".*

*Die letzten Tage waren sehr schwer für ihn, ab Sonntagabend schlief er dann die meiste Zeit.*

*Es war erleichternd, dass er jetzt frei ist und keine Schmerzen mehr hat.*

*Gerade war ich im Wald und habe wahrgenommen, dass eine große Last von mir abgefallen ist, die Ängste ihn zu verlieren, ihn leiden zu sehen, die ständige Ungewissheit.*

*Wir alle haben lange Abschied genommen. Das war im Hospiz wirklich sehr schön, mitten in der Nacht. Wir haben auch in ein Buch geschrieben und einen Stein mit seinem Namen und Daten dort beschriftet.*

*Schwer war es dann, als der Bestatter ihn nachmittags abgeholt hat, aber als er im Sarg lag, fühlte es sich für mich irgendwie besser an, dass er zugedeckt wurde, alles in Weiß.*

Sie haben auf sein Bett noch eine Rose gelegt.

Und wir wurden immer gefragt, ob wir seelische Hilfe benötigen.

Am frühen Nachmittag bin ich dann nach Hause gefahren und es war, als ob ich aus einer heilen Blase des Friedens und der Liebe, so fühlten sich die letzten Wochen mit Marco an, zurück in die Realität musste ...

Aber es ist nichts Schlimmes geschehen. Ich bin zum Bestatter gefahren mit den Lieblingskleidungsstücken die Marco sich ausgesucht hat.

Er hat wirklich alles ausgesucht, auch wo, und wie er bestattet werden wollte. Das ist einfach so schön, weil es von ihm ist.

Herzliche Grüße und Bussi, ich danke euch ALLEN, dass ihr wirklich immer mit uns seid, es war und ist eine riesengroße Hilfe!!

Christina

☯

# Donnerstag, 5. November

*Liebe Familie! Liebe Freundinnen und Freunde!*

*Das Leben geht weiter, aber wir haben noch nicht begriffen, dass Marco nicht mehr kommt. Das ist momentan das Schwerste für uns alle. Es gibt sehr schwere Tage, aber auch Tage, wo wir einfach nur dankbar sind, dass wir diese Zeit mit Marco hatten und gerne über ihn sprechen, wissend, dass er immer mitten unter uns ist.*

*Die letzten Monate waren für uns die Innigsten, wenn auch die Schwersten für ihn und uns. Seine so leidvollen Tage sind für mich immer noch schwer zu tragen. Jetzt kann er drüben ausruhen.*

*Ich bin schon sehr, sehr traurig und oft morgens bedrückt, aber gleichzeitig bin ich mit allem im Frieden. Es ist, wie es ist, alles darf da sein. Trauer, Liebe, Frieden ...*
*Im Herzen ist er immer bei mir!*

*Viele, viele sehr liebevolle Briefe, Karten, E-Mails und Nachrichten sind bei uns eingegangen. Sie haben uns gezeigt, wie wertvoll Marco für uns alle, seine Familie, Freund:innen und Kolleg:innen war.*

*Es hat mich sehr, sehr berührt, all das zu lesen. Vieles davon waren ganz neue Eindrücke über Marco.*

*Und wir sind sehr dankbar für all die Liebe und Hilfsangebote, die wir bekommen haben. Familie und Freund:innen haben uns so toll geholfen, vieles, auch an Bausachen, zu entsorgen auf Containern.*

*Wir haben viel im und am Haus gemacht. Es ist nicht leicht, alles zu verschenken oder zu verkaufen. Wir dachten ja, er kommt wieder. Einiges haben wir behalten, besonders sehr persönliche Dinge.*

*Einer seiner Freunde macht jetzt noch den Hausanstrich und die Türen innen fertig.*

*Auch da hat uns eine Welle der Liebe und Hilfsbereitschaft erreicht ...*

*Durch Corona werden die Trauerfeier und Urnenbeisetzung nur im engsten Kreis der Familie und engsten Freund:innen von Marco stattfinden.*

*Telefonieren ist für mich im Moment noch schwer, da vieles immer wieder aufgerührt wird und ich dann weine. Danke für Euer Verständnis!*

*Ich danke euch von Herzen für eurer Dasein und eure Unterstützung in dieser Zeit der Trauer und des Abschiedes.*

*Ihr seid in meinem Herzen*

*Christina*

Liebe Freundin!

Tausend lieben Dank für deine sooo liebevolle und einfühlsame Karte!

Ich nutze jetzt doch E-Mail um dir zu antworten, da ich ein Foto von Marco anhänge, welches wir auf der Trauerfeier nutzen.

Es zeigt Marco letzte Weihnachten bei meiner Schwester im Waldviertel.

Es berührt mich sehr, wie du Marco beschrieben hast, und wie er dir gerade in den ersten Jahren ein Wegbegleiter war!

Und du schreibst so einfühlsam auch für uns! Es zeigt mir Seiten von ihm, die ich manchmal gar nicht kannte und wusste. Und das berührt mich sehr.

Ja, es ist noch unfassbar, dass er nie wiederkommen wird. Das macht mich schon sehr traurig und all die Schmerzen die er erleiden musste und geduldig ertragen hat, da er gesund werden wollte. Aber das Leben geht anders und seine Seele wollte nach Hause! Das hatte ich auch geträumt.

Vorgestern war ich beim Arzt für einen Corona-Test, da die Ärztin, die mich letzte Woche krankgeschrieben hatte, Corona hat. Aber der Test ist Gott sei Dank negativ!

Als ich wieder nach Hause fahren wollte, tat sich bei meinem Auto nichts mehr. Ich versuchte es ein paar Mal, nur Stille und schwarz.

Peter wollte mir eine Batterie bringen. Nach ein paar Minuten ging plötzlich der Tacho wieder mit Licht und ich versuchte es nochmals und es sprang ohne Probleme an ...

Ich fuhr nach Hause und mir fiel ein, dass wir mit Marco verabredet hatten, dass er uns ein Zeichen gibt. Und da musste ich lachen, denn mit Auto Elektrik kannte er sich wirklich gut aus! Er hat mir einfach sagen wollen, dass ich nicht so traurig sein soll, es geht ihm gut ...

Seither bin ich viel ruhiger und fühle ihn wieder stark bei mir. Er musste sich erstmal von den Strapazen der letzten Monate erholen.

In seinem früheren Kinderzimmer hat er auch schon eine Lichtorgel mit dem Biorelais veranstaltet in der Nacht als er einschlief ...

Es wird immer Wellen der Traurigkeit geben, aber Marco war seit dem ersten Tag mein Meister.

In Geduld, bedingungsloser Liebe, ihn loslassen, Vertrauen, und in den letzten Wochen besonders in Frieden, Liebe und lernen, dass er bis zur letzten Stunde eigenverantwortlich sein Leben gelebt hat.

Diese friedvolle Zeit mit ihm war für mich das größte Geschenk der letzten Zeit. Gott hat wirklich durch ihn gewirkt. Das ist der größte Trost.

*Wie schön, dass es dich gibt und du Marco auf seinem Weg begleitet hast, auch durch all eure Gebete!*

*Dafür danke ich dir und euch von Herzen!*

*Ganz, ganz liebe Grüße,*

Christina

Hallo ihr Lieben!

Wir möchten euch zu Marcos Trauerfeier am 13.November um 13:30 auf dem Friedhof Waldhusen einladen. Durch die Corona-Beschränkungen kann die Feier leider nur im kleinen Kreis stattfinden, mit 20 Leuten, daher können Partner leider nicht dabei sein. Es ist möglich, dass sich die Beschränkungen noch weiter verschärfen, davon gehen wir jetzt aber erstmal nicht aus.

Trauerkleidung ist nicht notwendig und auch nicht Marcos Stil 😊.

Statt Blumen bitten wir euch um eine Spende für das Hospiz, in dem Marco in seiner letzten Zeit so gut versorgt wurde.

Hier der Link:

http://www.hospiz-am-ik.de/spenden/spendenformular.html

Nach der Trauerfeier werden wir gemeinsam zur Beisetzung der Urne gehen. Durch die aktuelle Situation können wir leider anschließend nicht zusammensitzen. Daher würden wir gern mit allen im Frühling eine Feier machen.

*Liebste Schwester!*

*Gerade ist deine soooo liebe Karte angekommen.*

*Der Text von Saint Exupery ist sooo schön* 😊

*Du schreibst mir aus dem Herzen! Ja, ich habe es auch noch nicht begriffen, aber Marco ist immer in meinem Herzen und oft um mich herum.*

*Er ist jetzt frei und wahrscheinlich glücklicher als hier, gerade in der letzten Zeit der schlimmen Schmerzen.*

*Ich hoffe, wir sehen uns bald wieder ...*
*Deine Christi*

☯

*Freitag, 6. November*

Liebe Christi und Familie!

Danke für deine ausführlichen Berichte, die uns an eurem Leben teilhaben lassen! Ich denke sehr oft an euch und Marco und es erscheint mir alles noch so unwirklich und es fehlen mir die Worte. Schön, dass Marcos Freunde euch so hilfreich zur Seite stehen. Ich bewundere dich; wie du das alles schaffst, woher du die Kraft nimmst, nach diesen so schweren Wochen! Wenn ich in meinen Erinnerungen krame, wird mir bewusst, wie wenig wir einander gesehen haben, wie wenig wir von Marco wissen, fast keine neueren Fotos von ihm haben, ihn aber ganz fest in unseren Herzen eingeschlossen haben und ihn dort bewahren werden. Leider haben wir die Reise nach Hamburg immer wieder auf später verschoben, wenn das Haus dann fertig ist. So haben wir es nie kennengelernt, halten euch für den Verkauf natürlich die Daumen und hoffen; dass Marcos guter Geist weiter darin wohnt! Ich verstehe gut, dass euch die Wertschätzung der neuen Besitzer wichtig ist, wenn so viel von Marcos Leidenschaft und Energie in dem Haus steckt.

Bei uns steigen die Corona-Infektionen sehr stark an. Wir hoffen sehr, dass wir am nächsten Freitag die Trauerfeier in der

Kirche machen können und kein totaler *Lock down* kommt. Eine gemeinsame Feier wird uns allen helfen.

Ganz liebe Grüße, viel Kraft und alles Liebe für euch alle!

## Mittwoch, 11. November

Liebe Wiener,

vielleicht könntet ihr euren Gottesdienst für Marco auf den gleichen Tag legen? Aber ihr seid da ganz frei, es auch an einem anderen Tag zu machen!

Bussi, ich bin sehr traurig, besonders wenn ihr mir Fotos von Marco sendet, das ist sehr schwer für mich.

Eure Christi

Liebe Christina,

ich danke Dir so sehr für Deine Nachricht heute ... Zwar weiß ich darum, dass es meine eigenen Gedanken waren/sind, die ich mir um Dich gemacht habe ... Aber es hat sich so hilflos angefühlt ...

Ich danke Dir für deinen Bericht über die friedvollen Momente, Gedanken und Gefühle, die du uns allen mitgeteilt hast 🎇🙏🐢.

Wir sind alle ein Teil des großen Ganzen und wissen nie, wann unser Weg hier auf der Erde beendet sein wird 🐢.

Ich selber durfte deinen Sohn nie persönlich kennenlernen, es hatte sich nicht ergeben. Aber ich fühlte mich ihm nahe, durch deine Erzählungen, in den Gesprächen.

Nun sind meine Gedanken öfter bei Dir ... es kommt ein neues Begegnen dem Leben gegenüber, einer ist nun schon hinüber gegangen ... uns voraus ...

Wenn ich nun draußen den Wind in den Bäumen betrachte, wie er rüttelt und schüttelt- und die Zweige sich wiegen lassen, in dem sie es geschehen lassen.

Alles bekommt gerade eine neue Bedeutsamkeit.

Liebe Christina, ich sende Dir Licht- und LIEBEvolle Gedanken 🐢 für die nächste Zeit 🎇♡🐢🙏 ...

Wir sind alle miteinander verbunden, keiner geht allein.

In aufrichtiger Anteilnahme und Herzensliebe

Liebe Christina,

ich fühle mit dir.

Ich habe auch diesen Frieden danach gespürt, hat mir auch sehr geholfen. Es ist schön, dass ihr euch so verabschieden konntet.

Es tut mir so unendlich leid ... ich wünsche dir weiterhin viel Kraft. In Gedanken bin ich bei dir. Gern würde ich dich in den Arm nehmen, weiß ich doch, wie weh das tut.

Deine ...


*Du Liebe!*

*Deine lieben Zeilen trösten mich schon. Da du genau weißt, wie es ist, ein Kind zu verlieren.*

*Letzte Woche dachte ich: "Oh Gott, dann hab' ich nur noch zwei Kinder".*

*Aber da sagte eine Stimme:*

*"Nein, du wirst immer drei Kinder haben."*

*Ja, und das stimmt! Marco hat die Form verändert, seine Seele ist immer da.*

*Ganz herzliche Grüße und bis bald*

*Christina*

*Liebste Schwester!*

*Ich danke dir für deine liebe Karte, habe sie jetzt in Ruhe gelesen. Sooo lieb geschrieben ...*

*Ja, es fühlt sich so an, dass er immer bei mir ist, aber sich erstmal ausruhen muss von seinen letzten schweren Jahren!*

*Du bist einfach total lieb :)*

*Bussi von deiner Christi*


*Hallo du Liebe!*

*Hier ist das Foto 😊.*

*Es war so schön, mit dir zu sprechen! Ich bin so dankbar, dass du, dass ihr in Marcos Leben gewesen seid und sooo viel für ihn getan habt. Dafür danke ich dir von Herzen. Nun bekommt ihr alles zurück 😊.*

*Liebe Grüße*

*Christina*


*Liebe Freundin,*

*Leider hatte ich vergessen, dir für den lieben Engel zu danken! Er steht neben Marcos Foto und einer Kerze, das sieht sehr schöööön aus! Ganz, ganz liebe Grüße und danke*

*Christina*

Hey, du Liebe!

Es ist schön, wenn auch der Engel seinen Platz gefunden hat. Danke für deine sooo liebe Antwort! Ich bin einfach froh, wenn das, was ich von Herzen meine, das Herz berührt.

Deine Zeilen ... die letzten ausführlichen, mit der Schilderung von Marcos Zeichen, die einfach genial sind, haben bei mir ganz viel ausgelöst ... so einen Zustand zwischen Lachen und ganz heftigem Weinen. Habe hinterher gependelt, dass ich deinen Schmerz fühlen durfte ... und gleichzeitig die Erleichterung. Es darf alles sein, und für Marco ist alles gut. Du/Ihr hättet ihn nicht besser begleiten können. Ein Geschenk und Segen für euch alle, wenn es auch Heilung zum Sterben war, nicht zum Leben. Wobei eigentlich ist es ja Heilung zum Leben in anderer Form, leichter ... klarer ... voller Licht und Liebe. Marco ist weitergegangen ... euch/ uns allen voraus. Heimgekommen sein ... ist doch eigentlich wunderschön. Ich hoffe, dass dich das immer und immer wieder tröstet und dir weiterhilft ... durch den Schmerz des Verlustes hindurch.

Fühle dich gaaaanz doll umarmt

*Hallo, liebe Schwester!*

*Habe deinen Anruf bekommen, aber es fällt mir schwer zu telefonieren oder zu sprechen. Das macht es immer nur schwerer. Danke, dass du dich so lieb kümmerst. Ich bin ok.*

*Wir haben momentan viel mit der Beisetzung und mit seinem Haus zu tun, da es verkauft werden soll und wir hoffen, dass wir es an nette Menschen verkaufen können.*

*Bussi von deiner*

*Christi*


*Hallo liebe Freundin,*

*danke für deine lieben Wünsche!!*

*Ich hatte nicht das Gefühl, dass du mir meine Gefühle wegredest!*

*Es geht mir besser als ich dachte. Ich habe viel geweint, bevor Marco ging. Er musste so leiden, und das hat mich sooo traurig gemacht. Und auch dass ich wusste, dass er bald sterben wird. Die letzten zwei Wochen und auch zwei Monate waren sehr schwer für ihn und uns. ABER es war immer ein großer Frieden da.*

*Marco sagte zwei bis drei Tage bevor er einschlief, dass es für ihn sooo hilfreich war, dass wir alle keine Dramen gemacht haben. Das war so gut zu hören.*

*Er wusste, dass wir ihn gehen lassen. Dieser Frieden ist immer noch da, auch wenn immer mal die Wellen der Trauer kommen.*

*DAS war der größte Trost UND DAS größte GESCHENK, das Marco uns gemacht hat. Er war unser Meister im Annehmen, Loslassen und in Würde gehen.*

*Er wusste, wann es Zeit für die letzte Reise war ...*

*Mooji sagte, dass wir diese herausfordernde Zeit für das Erwachen nutzen können. Und ja, das tue ich sehr bewusst. Auch das ist das Geschenk von Marco!*

*Leiden tut immer der Verstand, die Person. Das Selbst ist im Frieden. Ohne Worte ... Und Marco wollte nicht, dass wir trauern. Und ich fühle ihn ganz oft!*

*Nächste Woche ist Beisetzung und es werden viele kommen, aber mal sehen, ob das überhaupt wegen Corona was wird.*

*Seine Freunde sind soooo toll, sie haben mir auch geschrieben, viele alte Freunde aus der Schulzeit auch. Wie schön die Zeit mit Marco war. Das hat mich sehr berührt. Jeder hat mir ein kleines Puzzleteil meines Kindes beschrieben, das ich noch nicht kannte. Schööön!*

*Liebe ..., fühle dich umarmt und hoffentlich sehen wir uns bald wieder.*

*Herzensgrüße, Christina*

*Liebe Freundin!*

*Heute kam deine sooooo liebevolle Karte bei mir an.*

*Ich war so berührt von deinen Zeilen und besonders über Moojis Foto, Zitat und die schönen Bilder! Es steht jetzt auf Marcos Altar bei seinem Foto, Kerze, Blume und einem Engel. Jetzt ist auch Mooji bei ihm.*

*Du bist auch ein Engel für mich* 😊.

*Herzensgrüße und fühle dich umarmt*

*Christina*

*Liebe Freundinnen, liebe Freunde!*

*Tief berührt von euren so liebevollen und einfühlsamen Zeilen, möchte ich euch ganz, ganz herzlich dafür danken!*

*Ich hatte Tränen in den Augen, wie schön ihr eure Briefe formuliert habt, und wie ihr Marco wahrgenommen habt.*

*Und es ist genauso wie ihr schreibt. Es ist viel Trauer da und auch die Gewissheit, dass er immer bei uns ist. Ich höre oft seine Stimme und sehe ihn vor mir.*

*Und bin froh, dass das Bild der letzten Stunden in mir langsam verblasst und ich ihn so sehe wie er war. Lebendig, klar und immer für ein Witzchen gut* 😊*.*

*Oft, wenn wir in seinem Haus sind, wollen wir ihn was fragen, weil wir etwas suchen oder nicht wissen, und dann realisieren wir, dass er nicht mehr da ist.*

*Tief in mir weiß ich aber, dass seine Seele gehen wollte. Er hat seine Aufgabe hier erfüllt. Er war ein großer Meister für mich im Annehmen, Hingeben und Loslassen. Und in seiner Klarheit darüber, was er wollte und was nicht. Da konnte ich viel von ihm lernen. Danke, dass ihr ihn in seiner Kindheit sehr, sehr oft begleitet habt und natürlich auch eure Tochter, die eine sehr liebevolle Begleitung für ihn war.*

*Meinen herzlichen Dank und ganz herzliche Grüße*
*Christina*

*Ich werde eure Zeilen den Mädchen und seinem Vater zum Lesen mitbringen.*

*Liebe Familie! Liebe Freundinnen und Freunde!*

*Der Tag der Beisetzung naht und ich möchte euch um Unterstützung für die Trauerfeier für uns alle bitten, mit euren Gebeten. Es steht uns sehr bevor...*
*Ab 13Uhr wäre es sehr, sehr schön, und es wird ab 13:30 Uhr ungefähr eine Stunde dauern.*
*Und ich bin so froh, dass ihr alle auch in Wien mit dabei seid.*

*Dass Marco nicht wiederkommt, habe ich noch nicht wirklich begriffen, aber das braucht einfach Zeit ...*
*Es war nicht leicht, mit dem Trauerredner sein ganzes Leben Revue passieren zu lassen, obwohl auch viel Heiterkeit, Liebe und Wertschätzung ob seines Humors und Wesens dabei war!*

*Vielen, vielen Dank von Herzen für eure stetige Unterstützung mit Gebeten und Meditationen*
*eure Christi(na)*

Liebe Christi!

Ich werde morgen ab 13 Uhr für mich bleiben und meditieren, beten, an euch denken, so bis 14:30. Bei der Versammlung um 17:00 in Floridsdorf werde ich nicht teilnehmen (wir sind beide über 65), da wir unsere persönlichen Kontakte fast auf null reduzieren, nur mehr das Nötige einkaufen gehen (und zum Arzt). Infektionszahlen von gestern auf heute in Österreich über 9.000!!! (In Deutschland wären das 90.000).

Es ist ein Verzicht, der weh tut, ich wäre gerne hingefahren, aber ich bleibe aus Angst vor einer Ansteckung lieber zu Hause. Alle Bezirke Österreichs stehen bei der Corona-Ampel auf Rot.

Ich bin mit meinem Herzen bei dir und deinen Lieben, das ist meine Art, mit euch zu trauern.

Bussi und Umarmung


*Liebe Schwester!*

*Das ist völlig in Ordnung, dass du alleine betest und meditierst und du hast mein vollstes Verständnis. Bin froh, dass wir Marco vor all den Einschränkungen begleitet haben ohne Auflagen ....*

*Danke für deine Liebe und Unterstützung*

*deine Christi*

Liebe Christi und Familie!

Wir werden morgen zu Mittag, in diesen schweren Stunden des Abschieds und der Trauer, in Gedanken, Gebet und mit den Herzen ganz nahe bei euch sein. Ich hoffe, dass es für euch, trotz all des Leides, eine schöne und trostreiche Feier wird, mit vielen guten und liebevollen Gedanken und Erinnerungen. Ich habe mir im Internet den Friedhof angeschaut und finde ihn sehr stimmig und schön.

Wir treffen einander in Wien erst um 18 Uhr zur Gedenkfeier für Marco.

Schön, dass Marcos Haus mit neuem Leben gefüllt wird und kleinen Kindern ein neues Zuhause gibt.

Wir wünschen euch für den morgigen Tag viel Liebe und Kraft – gemeinsam seid ihr stark!

Alles Liebe – wir umarmen euch ganz fest!


Liebe Christina,

ich werde morgen mit meinem ganzen Herzen bei euch sein. Vielleicht kannst du mir irgendwann seinen Platz zeigen. Gerne würde ich als Geste dort Blumensamen oder Blumenzwiebeln in die Erde bringen. Herzensgrüße

Liebes Schwesterlein!

Gerne komme ich deiner Bitte nach und denke jeden Tag ganz fest an euch. Mit dem Foto bin ich auch ein bisschen dabei! Wäre es möglich, die Rede an mich zu schicken, als Andenken? Gut zu hören, dass sein Haus nun liebevolle Nachfolger gefunden hat, denn er hat sehr viel Arbeit darin investiert. Drücke dich ganz fest und bin in Gedanken bei dir.

Bussi

😊

## Freitag, 13. November

*Ihr Lieben!*

*Ganz, ganz herzlich möchten wir uns bei euch bedanken für diese so liebevolle Überraschung gestern vor unserer Türe.*

*Wir kamen nach der Beisetzung nach Hause, mit unserer engsten Familie, und wurden von euren schönen, beleuchteten Christrosen und der liebevollen Karte empfangen und erfreut! Es war eine sehr schöne, berührende Zeremonie, aber es war ein schwerer Weg.*

*Es ist noch unfassbar, dass Marco jetzt nie mehr kommen wird und wir ohne ihn weiterleben müssen, aber in unseren Herzen lebt er weiter ...*

*Das tröstet uns.*

*Herzliche Grüße*

*Christina*

☯

## Samstag 14. November

*Liebe Familie! Liebe Freundinnen und Freunde!*

*Die Beisetzung ist vorüber. Es war sehr, sehr berührend und sehr, sehr traurig.*

*Unsere Familie, Marcos Freundin, ihre Mama, seine Freund:innen, viele aus seiner Kindheit, Jugend und Schulzeit, aus der Studienzeit, sein Chef und seine Kolleg:innen und seine große "BMW-Oldie Gemeinde" waren mit uns. 20 Personen durften in die Kapelle, die anderen warteten davor, die Türen blieben geöffnet.*

*Danach haben wir uns alle vor seinem Urnen-Grab von ihm verabschiedet.*

*Ein Freund hatte seinen BMW in der Original Farbe auf die Urne gesprayt, es sah einfach super aus, sicher hat Marco dabei geschmunzelt ☺☺!*

*Ich war sehr berührt, wie liebevoll und wertschätzend alle von ihm sprachen. Viele waren vollkommen überrascht, dass es plötzlich so schnell ging ...*

*Seine ältesten Freunde, besonders sein bester Freund seit Kindertagen, haben so einmalig schöne Zeilen über ihn verfasst, das war einfach nur wunderschön und zu tiefst berührend für alle ...*

*Auch schrieb er, dass Marco sagte, dass er unglaublich glücklich darüber ist, dass wir, seine Familie, immer für ihn da gewesen sind.*

*Ja, so war es, und nun müssen wir damit klarkommen, dass plötzlich kein Kontakt mehr ist, keine SMS, keine Nachricht, kein Telefon, kein Besuch, einfach Stille ....................*

*Jetzt ist die nicht so leichte Zeit, langsam sickert es durch ins Bewusstsein, dass er nie mehr kommt ... Aber wir alle stehen jetzt eng zusammen, auch seine Freundin mit dem Kleinen, für die es auch sehr schwer ist. Der Kleine fragt jeden Tag nach Marco und hat im Kindergarten erzählt, dass Marco jetzt ein Stern ist.*

*In meinem Herzen aber, da lebt er weiter. Ich spreche täglich mit ihm und ich fühle und weiß, dass es ihm jetzt viel besser geht, ohne Körper, ohne Schmerzen.*

*Und mein Vater ist mit ihm ...*

*Und ich weine ... der Schmerz ist manchmal sooo schlimm ..., aber er darf da sein.*

*Danke, dass ihr alle diesen Weg mit Marco und uns geht und gegangen seid! Es war für mich und uns eine sooo tiefe Unterstützung, besonders bei der Trauerfeier habe ich das gespürt! Wenn ich stabiler bin, werde ich ein Buch*

*zusammenfassen, aus all den E-Mails der letzten drei Monate,*
*es waren die intensivsten meines Lebens.*
*Herzliche Grüße und Bussi, Christi(na)*


*Liebe Freundinnen und Freunde von Marco!*
*Ganz, ganz herzlich möchte ich mich bei euch allen bedanken,*
*dass ihr gestern gemeinsam mit uns Abschied von Marco*
*genommen habt.*
*Danke für all die liebevollen Blumen, die großzügigen Spenden*
*an das Hospiz - dazu bekam ich gestern ein Dankesschreiben*
*vom Hospiz - die einfühlsamen und liebevollen Gespräche mit*
*uns und besonders die berührenden und mitfühlenden*
*Lebewohls an seiner Urne!*
*Nicht jede/n von euch kenne ich persönlich, aber es war für*
*mich so unterstützend und heilsam, dass ihr alle mit uns*
*gewesen seid, an diesem so unsagbar schweren Tag ...*
*Es hat mir gezeigt, wie wichtig und wertvoll Marco für uns alle*
*gewesen ist.*
*Marco wusste erst ein paar Tage vorher, dass er nicht mehr*
*lange zu leben hatte. Das war ein großer Schock für ihn und für*
*uns, und für viele kam es ganz plötzlich. Aber er ist dann ganz*
*in Frieden mit allem eingeschlafen.*
*Trotz all der Trauer weiß ich, dass es Marco jetzt viel besser*
*geht und er befreit ist von seinen Schmerzen und Qualen.*

*Ohne ihn weiterzuleben ist immer noch unvorstellbar für mich ....... Aber in unseren Herzen lebt er weiter ...*

*Danke, dass ihr uns auf diesem Weg begleitet habt!*

*Herzliche Grüße*
*Christina*

Liebes Schwesterlein!

Ich fühle ganz tief mit dir und kann noch immer nicht begreifen, dass Marco nun woanders ist. Ich glaube aber, dass er nun an einem friedlichen Ort ist und dich, Christi, durch Zeichen, die er dir sendet, zu verstehen geben will, dass er an einem Ort der Liebe und Zufriedenheit ist. Ein Ort, wo es wunderschön sein muss und wir einander vielleicht in einer anderen Dimension, die für uns Erdenbürger nicht begreiflich ist, wieder begegnen werden. Sein Dasein auf Erden war für mich sehr bereichernd. Dafür danke ich ihm! Seine Sicht der Welt und des Miteinanders lebt in uns weiter und lässt ihn uns immer im Herzen tragen!!

Es umarmt dich

deine kleine Schwester

Liebes Schwesterlein!

Bist du so lieb und zündest beim nächsten Besuch auch ein Kerzlein von mir für ihn an. Meines habe ich in der Kirche entzündet, wo die wunderschöne Messe war.

Wenn du finanzielle Unterstützung brauchst, sag es mir bitte, hab' genug gespart!!! Und wegen Corona gebe ich nun viel weniger aus. Bin draufgekommen, dass ich eigentlich viel zu viel habe, speziell Schuhe und Kleidung. Damit komme ich noch die nächsten 30 Jahre aus, da ich ja nicht mehr größer werde, höchstens dicker ☺.

Denke jeden Tag an dich und deine Lieben und spüre, dass Marco gut aufgehoben ist, da wo er ist. Vielleicht schraubt er gerade wieder an seinen Autos, damit wir, wenn wir einander wiedersehen, einen BMW-Konvoi fahren können.

Es umarmt dich

deine kleine Schwester

Marcos Freundin schrieb so berührend:

„- Die Geschichte mit der Bank ist ganz süß, so wie ich dir das erzählt hatte, wir beide wollten auf unserer Rentner-Bank alt werden und über die Nachbarschaft lästern ... mit einem Tee in der Hand und im Bademantel!

- Immer wenn Marco mit dem Kleinen Lego Duplo spielte / baute, hat er seinen Beruf zum Hobby gemacht, z. B. hat er für Leon aus Lego Duplo Steinen einen Stuhl gebaut.

- Marco liebte meine Spaghetti Bolognese mit Salat.

- Zusammen mit Marco: Ein Eis am Tag war ein Muss, am liebsten Flutschfinger, Kaktus Eis.

- Der Kleine und Marco waren immer zusammen am Flughafen, haben den Flugzeugen zugeschaut und eine leckere Waffel dort gegessen.

- Ein Spaziergang war jeden Tag ein Muss, hier um den Block mit uns.

- Marco stand uns (Mama und mir) mit Rat und Tat immer bei, hat vieles für uns gemacht/ geholfen (handwerklich).

- Für meine Mama war er wie ein drittes Kind, von der Bindung und Nähe und den Gesprächen.

- Ich habe Marco sehr dolle gemocht, hatte ihn auf eine freundschaftliche Art sehr lieb.

Wir hatten eine innige Freundschaft, konnten über Gott und die Welt reden und das Stunden lang, er hat mir bei allem immer geholfen und ich war immer für ihn da, und es gab immer was zu essen für ihn."

Hey, meine liebe Christina!

Ich sitze hier, lese deine Zeilen und fühle so sehr deinen tiefen Schmerz. Ich war so sehr bei euch am Freitag. hatte über euch alle eine Kugel aus blauem Licht gebildet, mit einem grünen und dann goldenen Licht drumherum. Göttlicher Friede, göttliche Ruhe, göttlicher Schutz und göttliche Kraft, sowie der göttliche Plan und dessen Schutz ... grün für die göttliche Heilung und golden für die göttliche Liebe, Weisheit und Reinigung sowie die göttliche Ordnung. Die ganze Zeit brannte ein Licht in meiner Gebetslaterne!

Was du von der Beisetzung schreibst ... klingt nach diesem Eingebettet-Sein. Und ich durfte fühlen, wie sehr Marco dabei ist ... wie gut es ihm geht ... wie leicht es jetzt für ihn ist. Was für ein guter Mensch ist Marco gewesen ... sonst hätte er nicht diese Spur an Liebe und Licht hinterlassen, bei so vielen. Ich freue mich für dich und euch, dass ihr das erfahrt. Es hilft, wenn es auch gleichzeitig so schmerzt, weil es nicht mehr im Hier und Jetzt gelebt und erfahren werden kann.

DU BIST SO SO TAPFER! Du lässt alles zu ... den so übergroßen Schmerz ... das Weinen ... jede Träne eine Perle der Seele, die geweint werden will.

Ich nehme dich jetzt einfach von weitem in den Arm, du große Seele!

Und ich sende dir weiter ganz viel Kraft!

Liebe Christi!

Wir haben bei uns in der Kirche in sehr kleinem, aber feinem Kreis eine Trauerfeier abgehalten.

Corona-bedingt ohne Singen und lautem Beten. Aber die Texte und leisen Gebete spiegelten unsere Gefühle und Gedanken wider. Das, was ich gerne am Klavier gespielt hätte, kam als Lied aus dem Lautsprecher (z.B. *„Tears in heaven"*). Texte und Bilder (wir haben eine eigene Kerze mit einem Docht für die Kernfamilie angezündet) kommen gesammelt demnächst an.

Ich denke täglich an dich – hab dich ganz lieb.

Bussi


Liebe Christi!

Habe an diesem Tage ganz intensiv an euch gedacht. Dein Bruder hat eine wundervolle Abschiedsmesse im kleinen Rahmen gemacht, die mich sehr bewegt hat. Es fällt auch mir sehr schwer zu akzeptieren, dass Marco nun woanders ist. Ich hoffe, dass er an einem Ort der Harmonie ist und vielleicht auch unseren lieben Papa trifft, der mir auch immer noch sehr fehlt. Gerade jetzt, wo es wegen des Virus bei mir in der Schule extreme Belastungen gibt, die mich an den Rand der Belastbarkeit bringen.

Marco ist immer in meinem Herzen!

Bin bei dir!

# Mittwoch 18. November

*Hallo liebste Freundin!*

*Wie so oft fühle ich mich in deiner Antwort total gesehen und gefühlt, niemand fühlt mich so wie DU! Ich bin jedes Mal baff, wie gut du dich in mich einfühlen kannst!*

*Die Trauerfeier habe ich genau so erlebt: ich fühlte mich ruhig, in mir, beschützt, Marco ganz nahe und wie in einer großen Friedenshülle.*

*Als die Urne runtergelassen wurde, fühlte ich, dass da Marco gar nicht drin ist, sondern dass er mitten unter uns ist! Aber das kann ich ja fast niemandem sagen ...*

*Gestern war der Schmerz sehr groß und dann bin ich zu seinem Grab gefahren und habe die Kerzen erneuert und geweint. Ich sende dir ein Foto von seinem Grab, der Stein wird erst fertig gemacht ...*

*Ich hoffe so sehr, dass wir uns bald wiedersehen und wir das nach Corona endlich machen können!*

*Fühle dich auch umarmt und herzliche Grüße*
*Christina*

Hey, liebe Christina!

Du bist mir sehr nahe … Das wird es sein. Und was Tod und Übergang betrifft, denken und fühlen wir auch sehr ähnlich. Bin froh, dass du dich so behütet gefühlt hast! Der Ort ist wichtig, um Zwiesprache zu halten, selbst wenn er in deinem Herzen bei dir ist. Das Grab ist wunderschön! Fühle dich umarmt!


*Guten Morgen!*

*Danke für deine ausführliche Mail!*

*Hier bei uns in Ostholstein gibt es kaum Corona, das ist beruhigend und ich nutze die Zeit, in der ich nicht arbeite, und nur bisschen Arbeitslosengeld bekomme, da ich keine Gruppen leiten darf usw., um jeden Tag in den Wald oder die Natur zu gehen, das hilft mir sehr.*

*Ich verarbeite dann die letzten Monate und Wochen mit Marco*

*…*

*Seine letzte Zeit war schon sehr hart für alle, besonders für ihn, und das war für mich das Schwerste. Aber die Vergangenheit ist vorbei, und da er jetzt nicht mehr leidet, werde ich diese Bilder langsam verblassen lassen. Das hilft mir nicht und macht es eher schwerer.*

*Es gibt gute Tage, aber auch Heultage …*

*Weihnachten werden wir vielleicht bei den Mädchen in HH verbringen. Zu Hause wird mir das noch zu schwer sein …*

Es gibt anscheinend zwei Möglichkeiten, mit dem Tod eines Kindes umzugehen: Entweder man verzweifelt /stirbt innerlich und äußerlich, oder man nutzt es für die Weiterentwicklung.

Ich nehme das Letztere ... Das würde Marco auch so wollen.

Ich werde glücklich weiterleben mit Marco im Herzen und damit anderen einen Gefallen tun. Denn unglückliche Menschen haben wir genug, und das tut keinem gut.

Es geht mir so wie dir, dass ich Marco manchmal beneide, dass er schon drüben ist, ohne Körper und frei ... und freue mich auf ein Wiedersehen in der anderen Welt ...

Halte durch, du bist stark und schaffst das, ABER hole dir bitte auch jede Unterstützung die du bekommen kannst!!! Lass dich von deinem Mann verwöhnen ...

Bussi, hab dich sehr lieb

deine Christi 😊

# Donnerstag, 19. November

*Ihr Lieben!*

*Da ich gern alle E-Mails der letzten drei Monate an euch in einem Büchlein sammeln möchte, ist meine Frage, ob ich deine Antwort-Mails an mich auch verwenden darf, mit oder ohne Namen oder überhaupt nicht ...?*

*Dieses Büchlein ist meine Verarbeitung der letzten schweren Monate mit Marco, seine und meine ups und downs, alle Hoffnung und auch die Hoffnungslosigkeit, Ängste und Trauer, die traumatischen Diagnosen im Krankenhaus, ihn so leiden zu sehen, aber auch Dankbarkeit, die Hilfsbereitschaft von euch und vielen anderen und viel, viel Liebe und Frieden.*

*Das Büchlein werden alle von euch bekommen, und eventuell alle Freund:innen von Marco, falls es mal fertig wird.*

*Herzliche Grüße*
*Christina*

Liebe Christina!

Das Buch zu schreiben wird dir helfen um weiter loszulassen, um weiter einzuwilligen, in das Unabänderliche, aber auch um all die Schätze einzusammeln, die rund um dich und euch herum in Hülle und Fülle, wie ein warmer Mantel, da waren ..., da sind. Das ist das Wesentliche, und Marcos Weg und sein Hinübergehen hast du schon längst genutzt, um daran zu wachsen. Du bist so, so gereift, Christina! Das habe ich aus jeder Zeile von Dir gespürt! Das lebst du und das weiß Marco. In diesem Vertrauen konnte er auch ruhig gehen, da bin ich mir sicher.

Wenn du meine Antworten verwenden möchtest, dann tue dies so, wie du es für dich als richtig ansiehst. Mit oder ohne Namen, das ist deine Entscheidung, weil mich eh kaum einer kennt. Das spielt keine Rolle!

Fühle dich jetzt ganz lieb umarmt!

Du wirst - bist gehalten! Wir können nicht tiefer fallen als in Gottes gute Hände!

Und denk an die Spuren im Sand: ER trägt dich dann, wenn du es nicht mehr kannst! Ganz sicher!

Herzensgrüße

Liebste Christina,

ich bin in Gedanken ganz bei Dir und meine Erlaubnis hast Du. Einen derart heftigen Schicksalsschlag zu verarbeiten ist nicht einfach und ich schaue auf zu Dir, mit wieviel Tapferkeit, die ich bei Dir wahrnehme, Du dies gestaltest.

Meinen Sohn habe ich damals kaum kennenlernen dürfen, er hatte nur für einen Tag kurz "Hallo" gesagt.

Sein zartes Stimmchen habe ich aber nie vergessen können und noch heute kommen Wellen einer Traurigkeit über mich. Wie schön ist es dann, wirklich auf ein Ohr zu treffen, das hören kann ...

Du hast so nah berichtet und Deiner Seele Stimme/Schrift verliehen ... und bist mir sehr nah gewesen in den Momenten.

Wann immer Du ein "Ohr", eine Begleitung, einen Spaziergang möchtest, bitte sage Bescheid - ich bin gern da für Dich.

Herzensgrüße


*Liebe Freundin, guten Morgen!*
*Ganz berührt bin ich von deinen Zeilen und auch, wie du über dein Söhnchen berichtest. Das kurze Hallo und dass du heute noch daran denkst und traurig bist! Danke, dass du es mit mir teilst. Ein Kind gehen zu lassen ist zu jeder Zeit sehr, sehr schlimm und schwer. Ich bin einfach dankbar, dass ich Marco die ganze letzte Zeit begleitet habe und wir so ganz im Frieden*

*Abschied nehmen konnten. Immer wieder kommen die Bilder seiner letzten Zeit, all das Leid, der Schmerz und die Trauer und Tränen von ihm, dass er nun gehen muss. Das ist schon traumatisch! Und ich habe bemerkt, dass, wenn ich ganz im Jetzt bin, ohne Gedanken, dass da keine Trauer ist. Nur Dankbarkeit, dass ich seine Mama war bis zum Schluss.*

*Gerade mache ich völlig neue Erfahrungen über den Tod meines Kindes. Wenn ich wirklich im Herzen im Jetzt bin, ist kein Leiden da. Ich bin jedes Mal überrascht darüber. Der Verstand erzählt dann, dass ich mehr weinen sollte ... Aber ich bin friedlich und fühle, dass Marco immer bei mir ist. Er würde es gar nicht gut finden, wenn ich dauernd leide. Ja, Tränen sind gut und dürfen fließen, aber leiden heißt das nicht!*
*Ich wünsche dir einen wundervollen Tag*
*Herzensgrüße und bis bald,*
*Christina*

☯

*Es ist noch immer unbegreiflich für mich, dass Marco nicht mehr kommt ... zeitweise ist der Schmerz so tief, dass ich denke, das halte ich nicht aus ... das energetische Band zwischen*

Mutter und Kind wurde durchtrennt., das fühlte ich in meinem Bauch ...

Aber nach einer Weile, wenn ich die Angst loslasse, geht es doch ...

Die letzten Monate waren wir alle so eng, so nah und so viel Liebe und Frieden, trotz seiner immerwährenden Schmerzen. Ihn so leiden zu sehen, war für mich das Schlimmste.

Und nun ist kein Kontakt mehr, keine Nähe, kein Gespräch, nur das Wissen und das Gefühl, dass er in meinem Herzen ist.

Ich bin sehr traurig, aber ich werde nicht daran verzweifeln, das hätte Marco niemals gewollt!

Ich werde weiterleben, wie in den Aufstellungen gesagt: „ihm zu Ehren"

Und ich werde meine letzten Jahre das Beste daraus machen. Ich habe gelernt, dass nichts im Leben selbstverständlich ist. Dass es nicht selbstverständlich ist, dass die Kinder gesund sind, der Partner, die Partnerin gesund ist und lebt, dass wir Arbeit haben und das Leben endlos erscheint.

Dankbarkeit ist jetzt der Schlüssel zu einem zufriedenen und glücklichen Leben, dankbar für jeden Tag, den ich mit Marco erleben durfte.

# So geht es weiter ...

Jetzt nach eineinhalb Jahren, kann ich die Frage vom Beginn beantworten:

Ja, alles was ich in den letzten Jahrzehnten in und an mir „gearbeitet" habe, meine tägliche Meditation, um im JETZT zu sein und zu bleiben, ohne mich in Gedanken zu verlieren und dadurch zu leiden, hilft mir heute sehr bei der Verarbeitung und Annahme der Trauer über Marcos Tod. Es hat mich nicht fortgerissen, aber im Innersten tief erschüttert, manchmal war es kaum auszuhalten!

Doch mein Herz war und ist immer mein treuester Begleiter und Helfer.

Alle Trauer, all der Schmerz, die Bilder seines Leidens, alles durfte da sein und gefühlt werden. Manchmal war es sehr schlimm ... Aber ich habe keine Angst mehr vor starken Gefühlen und werde nicht daran verzweifeln.

Mehr als ein Jahr ist vergangen und heute kann ich sagen, dass ich wieder glücklich bin, im Frieden mit Allem was war, gereifter, zufriedener und dankbarer als davor, da nichts mehr selbstverständlich für mich ist.

*Ich fühle sehr oft inneren Frieden auch wenn die Stürme des Lebens und der Gefühle immer mal wieder um mein Lebensschiff wehen.*

*Mein Herz ist für mich der beste Anker.......*

☯

# Wer und was hat mir in dieser Zeit wirklich geholfen?

Ich habe es ohne ärztliche/therapeutische Hilfe und ohne homöopathische Mittel geschafft weiterzuleben.

Auch bin und war ich in einem sehr unterstützenden, liebevollen sozialen Umfeld und konnte mir mit Vielem was ich in meinem Beruf anwende und des unten Beschriebenen selber helfen.

**Das gilt aber nicht für jede/n!**

Für viele Trauernde ist es äußerst wichtig, sich professionelle Hilfe zu holen oder sich einer Trauergruppe anzuschließen! Das sage ich auch aus meiner beruflichen Erfahrung!

Hier findest du nun eine Aufzählung all dessen, was mir wirklich geholfen hat. Die hier aufgezeigte Reihenfolge ist willkürlich, denn einiges davon habe ich täglich angewendet und tue es immer noch!

**1. Die Liebe, der Halt, der Trost und die Unterstützung**
- von Peter, dem Mann an meiner Seite, der mich so liebt und nimmt wie ich bin. Von meinen wunderbaren Töchtern und Marcos Vater. Meiner großartigen Familie in Wien und meinen treuen und liebevollen Freund:innen. Ohne euch alle wäre es sehr einsam und noch schwerer gewesen. Aus all den Texten kann ich lesen und fühlen, wie aufgefangen ich in diesem Netz der Liebe bin und war!
Meine Dankbarkeit dafür ist unendlich!

**2. Mooji -** mein spiritueller Lehrer, dessen Sohn mit 23 Jahren ganz plötzlich verstorben ist, war für mich eine der größten Stützen. Von ihm durfte ich lernen ohne Bedauern über Marcos frühen Tod zu sein. Das bedeutet, Marco ist zur „richtigen" Zeit seiner Seele gegangen! Wir wissen nicht wann unsere Zeit zu Ende ist. Aber es ist niemals zufällig.

Und ich mache keine Geschichten mehr daraus, was wäre, wenn er jetzt noch leben würde. Oder zu bedauern, dass er nie eine eigene Familie haben wird, dass er sich nie mehr um den Kleinen kümmern kann, dass er nie mehr kommen wird. DAS sind Gedanken die dazu führen, dass ich leide.

Ich habe es meistens geschafft, meinem Verstand nicht mehr zu erlauben in die Vergangenheit oder Zukunft zu gehen und mir damit Leiden zu erschaffen.

Marco ist nicht mehr unter uns. Das ist sehr, sehr traurig! Ohne weitere Gedanken oder Geschichten darüber gibt es aber kein „armes Ich", kein Leiden mehr. Das ist sehr neu für mich und es überrascht mich immer wieder, dass es möglich ist.

Die Liebe, die Dankbarkeit und die Verbindung zu Marco werden für immer bleiben.


Trauer und Gedankengeschichten die ich glaube = Leiden

Trauer ohne Gedankengeschichten = Trauer und diese hilft der Seele zu heilen.

Doch dazu brauchen wir oft gute Unterstützung!


Ich danke dir von Herzen, Mooji, mit deiner Hilfe bin ich im Frieden mit allem, innerlich sehr gereift und tatsächlich auch wieder glücklich!

**3. Mein Herz** - *Bei allem was ich in den letzten Jahren und Monaten erlebt habe, war* **mein Herz der beste Navigator** *durch alle schweren und traumatischen Situationen. Innerlich*

*habe ich mir oft gesagt „bleib in deiner Mitte, bleib im Herzen, egal was geschieht". Es war wie ein Mantra geworden und hat mir tatsächlich viel Stabilität gegeben!*

*Das habe ich auch Herzlehrer **Thomas Young** zu verdanken, dessen Herzlehren und der Satz:*

*"Der Mensch geht, die Liebe bleibt" zu einem großen Trost für mich geworden sind und der Titel dieses Büchleins.*

*Und ich habe auch erfahren, was er in seinem Buch beschreibt: „Selbst im tiefsten Schmerz ist das Herz zugleich fähig, Freude zu empfinden". Damit hatte ich in dieser Situation niemals gerechnet und es war für mich zuerst sehr ungewohnt und seltsam dies zu erleben, aber genauso habe ich es manches Mal vor und nach Marcos Tod erlebt.*

*In meinem Herzen lebt er weiter. Er hat seine äußere Form verändert, doch Bewusstsein stirbt niemals.*

*Es gibt eine größere Kraft in uns, die uns hilft zu (über)leben. Ich danke auch dir von Herzen Thomas!*

**4. Eckhart Tolle -** *Auf den vielen Autofahrten nach Hamburg zum Krankenhaus oder Hospiz habe ich fast ausschließlich Eckhart Tolle gehört. Seine Worte über das Sterben und den*

Tod haben mich tief berührt und mir durch diese schwere Zeit des Abschiedes geholfen. Und es war so wie er es beschrieben hat, dass es ein großes Geschenk ist, dabei zu sein, wenn jemand dem Tode nahe ist oder geht.

*„Ein großer Frieden breitet sich aus."*

*Und so war es ... tiefer Frieden, unendliche Liebe und große Dankbarkeit!*

*Ich durfte erleben, wie viel Frieden vor, während und nach dem Übergang durch den Schleier vorhanden war. Wie friedlich Marco, trotz seiner Schmerzen, gegangen ist.*

*Das war eine große Gnade!*

*Dadurch habe ich die Angst vor dem Tod vollständig verloren.*

*Ich wurde öfter von den Pflegerinnen darauf angesprochen, dass wir so anders sind als andere Familien....*

**5. Meine langen Waldspaziergänge** - haben mich während der gesamten Zeit mit und nach Marco sehr, sehr unterstützt. Ich konnte weinen und dabei meinen Körper durch die Bewegung unterstützen alles loszulassen, was mich bedrückt und geängstigt hat.

Marco so leiden zu sehen, war das Schlimmste von allem, so war das Weinen sehr heilsam für mich.

*Auch das alleine Trauern war für mich oft einfacher, denn auch für die Partner ist es nicht leicht alles mitzutragen und es hätte mich zusätzlich belastet, wenn der andere mitleidet. Am liebsten war ich mit Marco und meinen Töchtern zusammen.*

*Nach seinem Tod war und ist der Wald für mich meine Heilung (mein Heilewald) und ich konnte all das Schwere, all die Ängste und Sorgen um mein Kind immer mehr loslassen. Das Schlimmste war ja eingetroffen und so fiel Vieles, was mir Monate auf dem Herzen lag, ziemlich unerwartet von mir ab. Ich weinte, trauerte und konnte nachsinnen und stiller werden.*

**6. EMDR -** *Als nach ein paar Wochen immer wieder die traumatischen Bilder von Marcos Leiden hochkamen, habe ich mich entschlossen,* **EMDR,** *eine spezielle Augenbewegungsmethode (Desensibilisierung und Verarbeitung durch Augenbewegung), welche besonders bei* **Trauma** *angewendet wird, bei mir selbst anzuwenden.*

*Das war mit die größte Erleichterung für mich! All diese Bilder sind seither tatsächlich verschwunden. Und wenn noch einzelne hochkommen kann ich sie mit EMDR für mich selber erlösen. Mein Beruf als HP-Psychotherapie ist tatsächlich eine*

große Hilfe in dieser Zeit gewesen. Dafür bin ich auch
unendlich dankbar!

☯

**7. Corona -** war trotz all der Einschränkungen eine Zeit des
Durchatmens, Verarbeitens, Trauerns und Erholens von den
20 Monaten nach Marcos Diagnose. Erst im Frühling 2021
kam während des 3. Lock down der Impuls langsam und
allmählich wieder ins „normale" Leben zurückzukommen.

Während Corona hatte ich kaum Außenkontakte und es haben
sich nur einzeln Menschen bei mir gemeldet oder nachgefragt,
wie es mir geht. Auch das war heilsam, weil ich nicht immer
alles aufrühren musste. Und wenn ich das Bedürfnis hatte
jemanden zu sprechen, bin ich in den Kontakt gegangen.

Und es scheint nach wie vor für manche Menschen schwierig
zu sein mit Trauernden im Kontakt zu bleiben. Für mich war
das gut so, aber für andere, einsame, leidende Menschen
könnte das durchaus schwer sein.

Unbedachte Äußerungen habe ich nur selten erlebt und erst
nach einem halben Jahr hatte ich wieder die Kraft, diesen

Menschen zurückzumelden, was ihre Worte bei mir ausgelöst haben. Sie waren sehr erschrocken über ihre eigenen Worte und haben sehr aufrichtig um Vergebung gebeten. Das hat mich sehr berührt! So sind Freundschaften nicht auseinandergegangen, sondern in eine neue Wahrhaftigkeit und Liebe gekommen. Auch das durfte ich dankbar lernen!

☯

**8. Kein Widerstand – annehmen, Ja zu dem was ist -** Schon während des ersten Lock down habe ich beschlossen, mit nichts mehr in den Widerstand zu gehen. Dass es so herausfordernd werden würde habe ich nicht vermutet. Aber dieser Entschluss hat mich sehr stark durch diese Zeit hindurch manövriert. Ohne Widerstand durfte alles so sein wie es war und das hat es tatsächlich leichter für mich gemacht!

☯

**9. Das Buch von James van Praagh -** ein hellsichtiger Mann, der mit Verstorbenen spricht, hat mich auch sehr berührt und gestützt in dieser Zeit. Er sagte den Satz: wenn ein Kind stirbt können wir auf zweierlei Arten damit umgehen: 1. verzweifeln, 2. es für die Weiterentwicklung der Seele nutzen.

*Mehr dazu habe ich im Text oben beschrieben. Es hat mir sehr, sehr geholfen in meiner Mitte zu bleiben, egal wie schlimm es war, und weiterzugehen, weiterzumachen mit all dem was mir gut tat in dem Wissen, dass Marco immer mit uns ist und möchte, dass es uns gut geht!*

*Er sagte auch, dass unsere Verstorbenen auf keinen Fall wollen, dass wir unglücklich sind, auch das hat mir geholfen.*

**10. Meditation -** *Es gab für mich kein Patent-Rezept, wie ich mit Marcos Tod umgehen konnte. Ich bin jeden Tag aufgestanden, manchmal bedrückt, traurig oder weinend, habe mir meinen geliebten grünen Tee gemacht, eine Kerze bei Marcos Foto angezündet und mich zur* **Meditation** *hingesetzt. Sehr oft habe ich mit einer dynamischen Atemmeditation begonnen, da ich danach immer sehr still bin, ohne Gedanken. Oder die „Einladung zur Freiheit", eine* **Kontemplation** *zu unserer wahren Natur von Mooji. Und gerne die Herzmeditation von Thomas. So hatten die dunklen Gedanken keine Chance mich schon morgens zu überfallen.*

*Auch spreche ich öfter mit Marco oder sende ihm einfach meine Liebe. Das macht mich auch heute noch glücklich* 😊*.*

**11. Dieses Buch schreiben** - *In diesem Büchlein habe ich mir alles von der Seele geschrieben was mich gerade in den letzten Monaten vor Marcos Tod und danach bedrückt hat. Es hat mir geholfen all das Schwere niederzuschreiben und damit war ich auch ein Stück befreit davon. Wenn ich es jetzt lese merke ich erst, wie traurig und anstrengend diese Zeit für mich und uns alle gewesen ist. Gleichzeitig hilft es mir die Vergangenheit immer mehr loszulassen und in meinem Leben weiterzugehen........*

*Es gibt immer noch Tage, da vermisse ich mein Kind sehr und Wellen der Trauer überfluten mich, aber das ist vollkommen in Ordnung und heilsam so.*

☯

**12. Schöne Dinge tun** - *während der dunklen Jahreszeit, habe ich mir täglich Kerzen und Lichterketten angezündet, frische Blumen zu Marcos Bild gestellt und es mir so schön und gemütlich gemacht, wie es für mich möglich war. Ich hatte ein starkes Bedürfnis danach, wahrscheinlich um die Dunkelheit zu vertreiben. Auch Kleinigkeiten können manchmal ein großer Trost sein! Wie z.B. die Christrosen mit der Lichterkette nach der Beerdigung vor unserer Türe. Es waren sooft die* kleinen Dinge die mir gezeigt haben, wie viele wunderbare Menschen mit uns waren......DAS hat sehr, sehr gutgetan!

☯

**13. Humor -** *mein geliebter Mann hat es trotz der traurigen Umstände immer wieder geschafft, dass ich über mich selbst oder auch so wieder lachen konnte. Niemand kennt und liebt mich so wie er und das hat mir oft geholfen nicht zu verzagen.*

☯

**14. Der Frieden - welcher größer ist als alle Vernunft -** *Dieser Frieden hat mich vor, während und auch jetzt noch, nach Marcos Tod, begleitet. Eckhart Tolle hatte so Recht und es ist fast unbegreiflich, dass trotz dieser Umstände dieser unendliche Frieden immer in mir ist. Es gibt für mich einfach mehr zwischen Himmel und Erde als wir uns jemals vorstellen können. Der Verstand kann das nicht begreifen, muss er auch nicht, das Herz weiß intuitiv, dass es die Wahrheit ist, unendliche Liebe, unendlicher Frieden ...*

☯

# Was sind die Geschenke?

*Mein Büchlein über Marcos letzte Wochen ist fast fertig. Fast!*

*Denn es fehlt noch etwas, wie Eckhart Tolle sagt:*
*"In jeder Katastrophe steckt schon der Keim des Neuen."*

*Oder mit meinen Worten:*
*„Was ist das Geschenk, welches Marco uns mit seiner Krankheit, mit seinen letzten Wochen und Tagen und darüber hinaus gemacht hat?"*
*Das darf jede/r für sich fühlen.*

*Für mich sind es die unendlichen Tage der Liebe, des Friedens und der Nähe zu ihm, die ich auch jetzt noch spüre!*
*Im Jetzt zu sein ohne Gedanken und Sorgen an die Zukunft.*
*Sein Annehmen und Loslassen, dessen, was ist und war, ohne Widerstand.*

*Marco loszulassen, also alles zulassen, all die traurigen und schweren Situationen, hat mich ganz auf mich Selbst, mein Herz zurückgeworfen, und dies hat Innen, in mir eine riesengroße Veränderung hervorgerufen, das Erkennen wer* ich wirklich bin und das macht mich zutiefst dankbar und glücklich!

Marco ist und war ein großer Schatz für mich, um innerlich zu reifen, zu lieben und zu erwachen, denn letztlich bin ich dafür hier ...

Und es wurde mir bewusst, dass NICHTS und niemand im Leben selbstverständlich ist. Wir tun zwar oft so, aber so ist es nicht. Dankbar darf ich heute alles wertschätzen und genießen, was in meinem Leben schon an Gutem da ist:

dass es meinen Liebsten gut geht, liebevolle Menschen, Gesundheit, Mitgefühl, Freude und Liebe, erfüllende Arbeit, Dinge wie ein Dach über dem Kopf und genügend zu Essen und die kleinen Dinge des Lebens, die uns glücklich machen.

Und da wirklich nichts selbstverständlich ist, wir also nicht wissen, wann unsere Zeit auf diesem Planeten enden wird, werde ich die verbleibende Zeit sehr, sehr bewusst (er)leben, genieße und das Beste auf allen Ebenen aus dieser Zeit machen!

So lerne ich für mich, dass es ein Leben nach dem Tod gibt. Für uns hier auf der Erde und für Marco, egal wo er jetzt ist. Denn er lebt auch IN UNS weiter. Bewusstsein stirbt nicht, es ändert sich nur die Form.

*Und ich habe durch Marco gelernt, dass es arrogant ist zu glauben, ich wüsste, was für andere, besonders für meine Kinder, gut wäre. Ich weiß es nicht, oft nicht mal für mich!*

*Auch habe ich erkannt, dass es keine Sicherheit im Außen mehr gibt. Ich finde sie nur in mir, in der Stille und im Frieden meines Herzens.*

*Als Wegbegleiter in dieser Zeit habe ich zwei wundervolle Töchter und einen sehr liebevollen Mann, der immer für mich da ist und jederzeit ein offenes Ohr und Herz für mich und meine Trauer hat.*

*Und auch Marcos Vater war mir eine Stütze, wir klärten und meisterten vieles gemeinsam mit und für Marco.*

*Marco hat auch uns wieder viel nähergebracht.*

*Auch meine tolle Familie in Wien und Freund:innen, die mich unterstützt haben.*

*Sowie viele andere Menschen in meinem Umfeld, die mir auf irgendeine Art und Weise halfen, einfach so und ohne große Worte. Dafür bin ich unendlich dankbar* 😊.

*Und ich lerne, dass jede/r anders trauert! Wenn ein geliebter Mensch geht, ist es immer sehr schwer aber jede/r erlebt es anders.*

*Eine Freundin sagte, dass sie mich nach einiger Zeit wieder kontaktieren wird, weil wir in der Trauerzeit oft nicht die Kraft haben, uns zu melden. Sie hat so Recht! Selbst ein unbedachtes Wort von anderen kann die Trauer reaktivieren.*

*Mir fällt auf, dass ich nie die Frage nach dem „Warum" gestellt habe, die Frage, warum ist Marco gegangen.*
*Aber die Frage, was habe ich dazu beigetragen, dass es so gekommen ist? Ehrlich gesagt, sind das alles nur Vermutungen, ich weiß es wirklich nicht! Und es würde mich nur zermürben.*

*Ich habe in meinem Leben sicherlich viele Fehler gemacht, auch mit den Kindern. Nur, dass wir keine Vorbilder hatten! Wir sind die Kinder der Kriegsgeneration und mussten den „richtigen" Weg erst finden, oder besser gesagt, schon gehen ohne zu wissen, wo es hingeht und was dabei herauskommt. Wir hatten keine Vorbilder ...*
*Meine Richtung war aber immer von der Angst zur Liebe, vom Kopf ins Herz.*
*Und ich habe es immer so gut gemacht, wie ich es konnte, damit es den Kindern gut geht ☺.*

*Es hat sich leider erst nach Marcos Tod herausgestellt, dass er an einer GEN Mutation die zu Magenkrebs führt erkrankt war.*

*Dieser Krebs wächst **in** der Magenwand, sodass er erst entdeckt wird, wenn es schon zu spät ist. Das war Marcos Verhängnis und leider auch ein Arzt der nach Monaten seiner Magenbeschwerden nichts unternommen hat. Erst ein Arztwechsel hat dann zur Diagnose geführt. Im Nachhinein kann ich sehen, dass einiges schiefgelaufen ist, aber jetzt ist es so gekommen und es lässt sich nicht mehr ändern.*

*Leider hat Marco es nicht mehr erfahren, er dachte, er hat irgendetwas falsch gemacht. Nein, du hast alles richtig gemacht! So würdevoll bis zum Schluss, das braucht Größe!*

*Marco hat seine Aufgabe erfüllt und seine Seele wollte gehen. Da gibt es für mich keine Frage ...*

*Was der Sinn war, warum Marco nicht mehr da ist, werde ich vielleicht niemals wirklich erfahren. Für mich hat Marcos Leben jeden Sinn gemacht. Er hat mich und viele andere viel reifer, liebevoller, einfühlsamer, dankbarer und tatsächlich auch glücklicher gemacht. Und für mich ist DAS der Sinn des Lebens.*

*In den ersten Wochen nach seinem Tod spürte ich ihn sehr bei mir, aber auch, dass er sehr erschöpft von den letzten Jahren war und sich erst „erholen" musste. Ich habe auch geträumt, dass er mich sehr liebhat.*

Was es für mich leichter macht, ist, dass wir uns langsam von Marco verabschieden konnten, dass wir Zeit dafür hatten, um Lebewohl zu sagen und ihn in Frieden gehen ließen.

Heute ist der erste Todestag von Marco, ich habe schlecht geschlafen, bin traurig und weine, wenn ich an seine Worte der letzten Tage denke: „Ihr bleibt jetzt zurück…". Er war sichtlich bedrückt. Ich antwortete: „Marco, mach dir keine Sorgen über uns, wir werden klarkommen…". Da konnte er sich entspannen und war beruhigt …

Ja, wir sind klargekommen und leben weiter, auch wenn es nicht einfach war und ist …

Durch Marcos letzte Wochen und Tage, sein Annehmen des Sterbens und sein friedvoller Übergang, habe ich die Angst vor dem Tod und vor schweren Gefühlen „verloren".

Ich glaube, mein größter Trost ist, dass ich schon älter bin, mein Leben also endlicher wird und ich Marco bald wiedersehen werde ☺. Bis dahin …

# Der Weg nach Hause ...

*Ich dachte, das Büchlein ist fertig!*

*Nun, es kam anders. Ich war mir aber nicht sicher, ob ich es in das Büchlein schreiben werde, denn es ist etwas „speziell", oder besser „spirituell"! Manche könnten meinen, dass ich etwas seltsam bin. Das stimmt* 😊.

*Aber ich habe mich entschieden, wirklich alles zu schreiben, was mir am Herzen liegt, egal, was andere von mir denken! Das habe ich von Marco und er von mir* 😊.

*Am 6. Dezember, Nicolaus-Morgen (Marco hatte eine Vorliebe für spezielle Daten), meditierte ich wieder mit einer speziellen Atemtechnik, um den Geist zur Ruhe zu bringen.*

*Am Ende als ich ganz still war kam ein Satz:*

*„Marco ist jetzt im Licht."*

*Da war so eine Freude in mir, weil es bedeutet, dass Marco jetzt wirklich frei ist!*

*Ich habe vor über 20 Jahren bei einem buddhistischen Mönch eine Einweisung erhalten, dass, wenn wir gestorben sind, wir direkt ins Licht gehen können, ohne uns ablenken zu lassen. Und dass wir es Menschen, die sterben, mit auf den Weg geben dürfen. Das habe ich bis jetzt, auch durch meinen Beruf als HP-*

Psychotherapeutin, schon vielen Menschen, auch meinem Vater und Marco, mit auf den Weg gegeben. Es bedeutet, dass wir aus dem Rad der Wiedergeburt aussteigen können, ohne wieder geboren zu werden, wenn wir dies nicht mehr wünschen.

Marco ist jetzt im Licht!
Das macht mich sehr glücklich, denn dafür hat es sich schon gelohnt zu leben.
Danke Marco, mein geliebter Meister !

## ... Marco ist jetzt mit allem durch ...

### „Der Mensch geht, die Liebe bleibt"

**Thomas Young**

ॐ

# Buchempfehlungen

**Thomas Young:** „Willkommen im Herzen", eine Reise zu dem Schatz im Inneren. Sacred Heart Meditations-CD und viele weitere CDs und Downloads

**Eckhart Tolle:** „Stille spricht" Buch und Hörbuch „Jetzt, die Kraft der Gegenwart" „Eine neue Erde" „Torwege zum Jetzt" CD Es gibt viele weitere Bücher, CDs und Videos auf youtube.

**Mooji:** „Bevor ich Bin". Die direkte Erkenntnis der Wahrheit „Eine Einladung zur Freiheit" als Booklet oder auf youtube, auch auf Deutsch übersetzt

**James van Praagh:** „Im Himmel zu Hause" was Kinderseelen über das Leben nach dem Tod berichten

**Robert Betz:** „Wenn ich morgen sterben müsste" Meditations-CD

**Elisabeth Kübler-Ross:** „Was können wir noch tun?" Fragen und Antworten